4週間集中ジム 🇬🇧
発音も学べる
イギリス英語リスニング

執筆：米山明日香　　英文執筆：Catherine Dickson

はじめに

　2011年には将来の王位継承者であるウィリアム王子とキャサリン妃の婚礼がロンドンで行われ、世界中が熱狂的なお祝いムードに包まれました。2012年にはロンドンオリンピックが開催され、世界各国の選手や観光客がイギリスに集結し、数々の名ドラマが生まれました。2013年には、ウィリアム王子とキャサリン妃の第1子ジョージ・アレクサンダー・ルイ王子が誕生し、世界が喜びに沸きました。このように、ここのところ「イギリスが熱い」のです。

　今、人々の注目がイギリスに集まっているにも関わらず、日本人英語学習者にとっては、イギリス英語は「なじみの薄い英語」と捉えられることが多いようです。筆者は現在、大学で教鞭をとっているのですが、「先生、アメリカ英語での会話は理解できるんですが、イギリス英語だと全然わからないんです。どうしたらよいですか。」と学生が頻繁に相談に来るのです。この学生たちのように、日本の学校現場では、基本的にアメリカ英語に基づいたつづり（スペリング）や音声、語彙などを使用しているので、アメリカ英語に慣れている英語学習者が大多数なのです。その上、市場で売られている英語学習用教材も、アメリカ英語が主流です。

　だからと言って、恐れることはありません。なぜなら、本書はイギリス英語に慣れていない英語学習者でも十分に使いこなせるように工夫した一冊だからです。その工夫は主に3つあります。

1. リアルな場面設定

　リアリティのある旅行会話でイギリス英語を楽しみながら学んでいけるように工夫しました。具体的には、各Dayのダイアログは、日本人の主人公が、イギリス人の友人とさまざまなところに旅行する連続ストーリーになっています。

2. バリエーションに富んだイギリス英語発音

使用している音声も、なじみのあるアメリカ英語から、典型的なイギリス英語、そして現代的なイギリス英語や方言などバラエティ豊かな音声を収録しました。

3. 充実した発音解説

イギリス英語を効果的に学習するために、イギリス英語発音の特徴について丁寧な解説を加えました。各Dayには「発音レッスン」を収録しており、聞くだけでなく、実際に声に出して練習できるようになっています。ですから、単に「イギリス英語のリスニング本」というだけでなく、「イギリス英語の発音」も学べるように配慮しています。

そして、何より、イギリスの魅力をこの一冊に凝縮しました。

　これからイギリスに旅行に行く方、留学する方、イギリスが大好きな方、イギリス英語を学びたい方にとって必須の一冊となることを心から祈っております。

2014年4月

　　　　　　　　　　　　イギリスとイギリス英語をこよなく愛する　米山明日香

4週間集中ジム
発音も学べる　イギリス英語リスニング
CONTENTS

はじめに	2	本書の利用法	12	
当ジムの学習内容	6	CDの収録内容	14	
イギリス英語のリスニングのコツ	8	発音記号一覧	254	

Day 1 第1回 体力測定　16

トレーニング第1週

Muscle Training			Point Lesson	
Day 2	入国審査	22	passportの 'a'	26
Day 3	国際線の到着ロビー	28	Noの 'o' はアメリカ英語と違う？	33
Day 4	地下鉄	34	母音のあとの 'r' を発音しない？	39
Day 5	ホテルにチェックイン	40	二重母音に気を付ける	45
Day 6	ホテルのサービス	48	「ショー」、「トー」って何？	52
Day 7	カフェ	54	カジュアルな発音では子音が落ちる？	59
第1週　発音レッスンの英文訳		60		

トレーニング第2週

Muscle Training			Point Lesson	
Day 8	バスに乗る	62	park の /p/ は stops の /p/ と音が違う？	67
Day 9	バッキンガム宮殿	70	語中の /t/ は明確に発音する？	76
Day 10	大英博物館	78	簡単に疑問文を作る方法	83
Day 11	アフタヌーンティー	86	vanillaは「バニラ」じゃない？	91
Day 12	カムデン・マーケット	94	officeはアメリカ英語と発音が異なる？	100
Day 13	サッカーの試合	102	pitchの 'tch' は日本語と違う？	107
Day 14	パブへ	108	/t/ が並んでいるときには、2回発音しない？	113
第2週　発音レッスンの英文訳		115		

トレーニング第3週

Muscle Training

Day 15	ウェストミンスター寺院	118
Day 16	ロンドン・アイ	126
Day 17	テムズ川クルーズ	134
Day 18	ロンドン動物園	140
Day 19	洋服を買う	148
Day 20	道順を聞く	156
Day 21	体調不良	162

Point Lesson

子音の後に母音は入れない	123
thirtyとthirteenはどのように聞き分ける？	131
語頭の/r/の発音の仕方	139
finallyの 'f' は下唇をかむとよい？	145
tryとryeの/r/の発音が違う？	154
日本語の発音につられない：二重母音	160
並列を示す際のイントネーション	168

第3週　発音レッスンの英文訳　170

トレーニング第4週

Muscle Training

Day 22	コッツウォルズのツアーに申し込む	172
Day 23	コッツウォルズへ小旅行	180
Day 24	村のレストランでランチ	188
Day 25	ホテルのチェックアウト	196
Day 26	空港にて	202
Day 27	飛行機で帰国	210

Point Lesson

数字を聞き取るコツ	177
疑問文のイントネーション	186
fireは「ファイアー」じゃない？	193
/s/の発音は意外に難しい？	201
子音と母音は仲良し？	207
英米で発音が大きく異なる語	215

第4週　発音レッスンの英文訳　216

Day 28　第2回 体力測定　218

Day 1 第1回 体力測定のトランスクリプションと訳　224
Day 28 第2回 体力測定のトランスクリプションと訳　226
Day 2 - Day 27 会話、アナウンスメント の訳　228

当ジムの学習内容

「4週間集中ジム 発音も学べる イギリス英語リスニング」で学ぶ
当ジムにご入会のみなさんへ

当ジムへ、ようこそ。まずは、当ジムの4週間のトレーニングプランについて説明します。本書は、以下のような全体構成になっています。

4週間のプラン

次に、各Dayのプランは以下のようになっています。4．のRelaxation Timeに関しては、すべてのDayにはあるわけではありません。

各Dayのプラン

当ジムのトレーニング目標と学習パートを説明します。

1. イギリス英語に特徴的な発音を学び、聞き取れるようになりましょう。

　各Dayの最初に、Warm-Upとして文中で聞き取りにくい単語の書き取りに挑戦します。それが終わったら、Muscle-Trainingで、イギリス旅行のリアルなシーンを題材にしたリスニング練習を行いましょう。細かい情報というよりは、会話の流れや要点を中心に聞き取ることを目標にしましょう。録音されている音声は自然なスピードですので、どうしても聞き取れない場合には、スロー音声が以下のURLからダウンロードできますので、活用してみましょう。（URL：http://www.ask-books.com/LisGym/British）

2. イギリス英語の発音を学習しましょう。

　リスニング力を高めたい場合には、英語を単に聞くだけでは不十分です。なぜなら、発音とともに練習して初めて、効果的なリスニング力強化とその相乗効果が期待できるからです。ですから、本書では、各DayのWarm-UpとMuscle-Trainingでリスニング力を鍛えた後で、Point Lessonで発音レッスンを行えるように工夫しました。毎回、発音の重要ポイントを1つずつ学べるような構成になっています。理論を簡単に学んだら、その次はPoint Lessonにある発音レッスンでしっかりと練習をして、耳と口を鍛えましょう。アメリカ英語との比較や、発音のバリエーションなども学べます。

3. 自分の英語力を把握しましょう。

　トレーニングに入る前に、Day 1は第1回体力測定になっていますので、そこで、現在の英語力をチェックしましょう。それが終了したら、弱点別のアドバイスを参考にしながら、4週間のトレーニングプランを立てて、実際のトレーニングに入ってください。

　最後のDay 28は、第2回体力測定になっていますので、最終的な実力チェックテストを受けてみましょう。Day 1との結果を比較して、実力が伸びたかどうか、弱点は克服できたかなどを検証してみると効果的です。

4. リアルな会話やアナウンスを通じて、イギリス滞在を疑似体験しましょう。

　各DayにおけるMuscle Trainingは、イギリス旅行のリアルなシーンを再現した会話レッスンになっています。イギリス滞在の疑似体験ができるような構成になっていますので、ぜひ楽しみながら聞いてみてください。Dayの最後にあるコラムRelaxation Timeでは、イギリス滞在がより楽しくなるような「旬のイギリス情報」が書かれています。

　それでは、これからDay1の第1回体力測定を受けてください。その前に、次のページからの「イギリス英語のコツ」に目を通してから始めると効果的に測定を受けることができます。

イギリス英語のリスニングのコツ

1 イギリス英語の種類と本書の音声の特徴

　アメリカ英語は一般的に方言差が比較的少ないと言われていますが、イギリス英語は、**社会階級による方言、地域差による方言**など、さまざまな種類の方言があるため、少し複雑な様相を呈しています。ですから、ひとくくりに「イギリス英語」と定義づけるのは、実は難しいのです。

　前者の社会階級による分類には、私たち英語学習者が一般に考える「イギリス英語」、つまり「**容認英語（Received Pronunciation, RP）**」と言われる「標準イギリス英語」発音や、「**コックニー(Cockney)**」と呼ばれるロンドンの下町で労働者階級を中心とした庶民が主に使う発音などがあります。前者のRPに関してですが、驚くことに、このRPを話す人の割合は、全イギリス国民の3％ほどと言われていますので、私たちが考える「標準イギリス英語」を話す人は、イギリスでもかなり少ないことがわかります。ですから、イギリス英語を習得したい場合には、「現代的なイギリス英語」を学習する必要があるのです。

　一方、後者の地域による分類には、スコットランド英語、アイルランド英語、ウェールズ英語、南部英語、北部英語などがあります。これらは一様に異なる発音上の特徴を有しています。

　また、1990年代以降には、RPとコックニーの中間の特徴を持つ「**河口域英語(Estuary English, EE)**」が、ロンドンのテムズ川流域を中心として聞かれる主な発音の一つとなっています。このEEには、RPに近い発音をする人もいれば、コックニーに近い発音をする人もいますので、その定義は広範囲にわたります。また、EEは現在、ロンドンで話されるだけにとどまりません。社会階級と密接に関係のあるRPに抵抗感を持ちつつも、ある程度きちんとした英語を話したいと考える層が、多く使用しているのもこの発音の特徴です。つまり、EEとは社会階級による分類と地域による分類を超越した新しいタイプのイギリス英語と言ってよいでしょう。これこそが「現代的なイギリス英語」と言えます。

　ところで、さまざまな「イギリス英語」を聞いてみたい方は、イギリスの国立図書館である「大英図書館（British Library）」が運営しているHP上で、様々な種類の発音が無料で聞けますので、一見の価値があります。

> http://www.bl.uk/learning/langlit/sounds/#
> （検索エンジン用検索キーワード　British Library sounds familiar）

このHPの興味深いのは、RPのみならず、現代的な地方方言を話す人や、年齢層の高い地方方言を話す人などが、年齢・職業などのプロフィール付きで紹介されているので、方言（アクセント）を比較しながら楽しんで聞くことができます。内容がわからなくても、音声の違いだけを聞いてみるのも興味深いものです。

　本書で使われている英語発音は、日本人のめぐみさん役はアメリカ英語、Jennyさんはスコットランド訛りのある現代的なイギリス英語、Harryさんは現代的なRP話者です。またその他にも庶民的で現代的なイギリス発音が聞かれます。本書を利用して、「アメリカ英語」、「イギリス英語」と「庶民的なイギリス英語」の音声的相違を学習しましょう。

2　アメリカ英語との主な発音上の相違

　ここではいくつかの代表的なアメリカ英語とイギリス英語の発音の相違点をあげておきましょう。🔊

① アメリカ英語では特定の母音のあとの/r/を発音するが、イギリス英語では基本的に発音しない。🇺🇸/🇬🇧 (e.g. chair [tʃeər]/[tʃeə], car [kɑːr]/[kɑː], pour [pɔːr]/[pɔː])
② 'o' の発音の相違　(e.g. hot 🇺🇸 [hɑːt]　🇬🇧 [hɒt])
③ 'a' の発音の相違　(e.g. answer 🇺🇸 ['ænsər]　🇬🇧 ['ɑːnsə])
④ 二重母音 'ou'　(e.g. owner 🇺🇸 ['oʊnər]　🇬🇧 ['əʊnə])
⑤ アメリカ英語のみ、/t/と/d/が「ラ行」の音に近くなる。
　(e.g. water 🇺🇸 ['wɑːtər]　🇬🇧 ['wɔːtə])

　実際に、めぐみさんの発音とその他の登場人物の発音を比べてみると、その違いがよくわかります。

3　リスニングをする際に注意したい発音上の留意点

　リスニングをするうえで、気を配りたい発音上の留意点を以下にあげておきましょう。これらの知識を知っておくと、リスニングをする際の役に立ちます。

①弱形

　　前置詞や接続詞、助動詞といった「機能語」の中には、**弱形**を持つものがあります。通常、会話などでは、この弱形が使われるのです。一方で、強調したい場合や引用する場合などのはっきりとした発音のことを**強形**と言います。学習英和辞典などでは前者は（弱）や（弱形）、後者には（強）や（強形）という記号を使って、発音の相違を示しているものが多くみられます。

　andという等位接続詞を例に挙げて、弱形と強形の発音を比較しましょう。

　　　🔊　and　弱形 [ənd, ən, nd, n]　強形 [ænd]

　次に、同じくandを使って、文レベルで比べてみましょう。例文(1)では、MaryとJaneは並列関係にあり、通常のandの意味として使われていますので、弱形で発音されます。しかし、例文(2)では、「butでなく、andである」ということを強調したいので、強形が使われます。🔊

　　例文(1)　**Mary and Jane are twins.**（メアリーとジェーンは双子です）
　　　　　　（通常、弱形）

　　例文(2)　**You have to use 'and' not 'but' in this context.**
　　　　　　（この文脈ではbutではなく、andを使わなければなりません）（強形）

②消える音に注意

　　強勢のないところに来るあいまい母音[ə]は、非常に弱く発音されるか、脱落することがあります。たとえば、aboutは「バゥトゥ」くらいにしか聞き取れないことがありますので、注意が必要です。

　　また、庶民的な発音の場合、語中の子音が明確に発音されないことがあります。たとえば、waterが「ウォータ」ではなく、「ウォッア」と聞こえることがしばしばあるのです。

　　こうした脱落する音の場合、聞いた音声が意味理解につながるかどうかが、リスニングの際のポイントとなります。意味理解につなげるには、そうした音声的特徴に慣れるとともに、前後関係で意味を推測する力も必要になってきます。

③イギリス英語独特の発音に注意する

　　一般的に言って、日本ではアメリカ英語を学校で学習することが多いため、イギリス英

語の発音とアメリカ英語での発音がかなり異なっている場合には、意味を理解するのが難しいことがあります。特に以下の発音には気を付けましょう。🔊

	🇬🇧	🇺🇸
herb	[hɜːb]	[ɜːb]
leisure	[ˈleʒə]	[ˈliːʒər]
mayonnaise	[ˌmeɪəˈneɪz]	[ˈmeɪəneɪz]
patronise	[ˈpætrənaɪz]	[ˈpeɪtrənaɪz]
Renaissance	[rɪˈneɪsns]	[ˌrenəˈsɑːns]
sure	[ʃɔː]	[ʃʊər]
tomato	[təˈmɑːtəʊ]	[təˈmeɪtoʊ]

　上記で述べた特徴に注意しながら、リスニングを行うと効果的な英語学習につながります。それでは、実際にさまざまな場面での会話を聞きながら、実践的な学習をしていきましょう。

本書の利用法

本書ではイギリス英語の発音とリスニングを学ぶさまざまなトレーニングを行います。
第1日目と第28日目は体力測定を受けて、力試しをしましょう。
各学習パートについては、p. 6～p. 7で詳しく説明していますので、参照してください。

Warm-Up（単語の聞き取り）

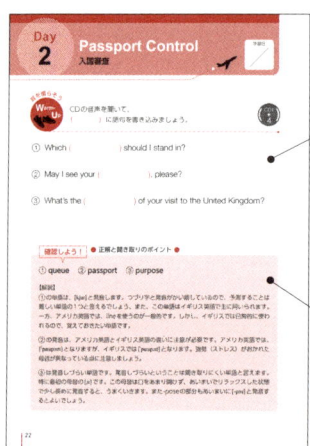

 会話の聞き取りをする前の準備運動として、会話から3つの文を取り上げて単語の聞き取り練習を行います。空欄に単語を書き取ってみましょう。

確認しよう！ ● 正解と聞き取りのポイント ●

「正解と聞き取りのポイント」には、発音の注意点が詳しく書かれています。日本語、アメリカ英語とイギリス英語の違いも理解しましょう。

Muscle Training 1（会話の聞き取り練習）

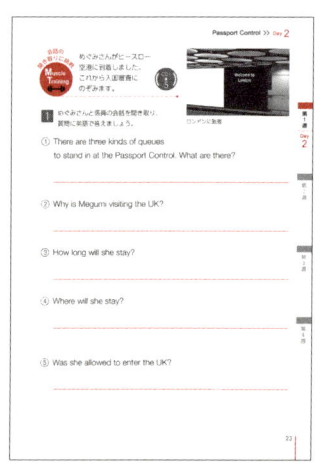

 イギリス旅行をリアルに再現した会話を聞いた後で、内容に関する質問の答えを書き入れましょう。答えと解説は次のページにあります。

スピードが速くて聞き取れない場合は、専用ウェブサイトからスロー音声をダウンロードしてください（p. 7にアドレスがあります）。

（ホテルやレストランなどは実名が使われていますが、写真はイメージを表したものです）

Muscle Training 2 (スクリプト)

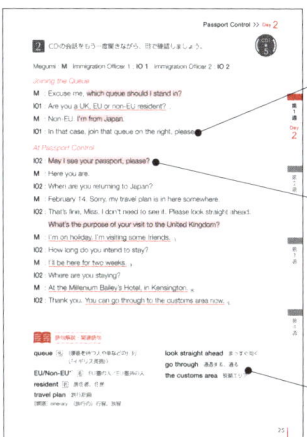

会話の英文スクリプトを見ながらもう一度音声を聞いてみましょう。下線が引いてあるところは、1の質問の答えに該当する部分です。

色マーカーが引かれたところは、Warm-upで取り上げられた例文ですので、注意しながら聞いてみましょう。日本語訳は巻末にあります。

 語句解説・関連語句

会話の語句解説のほか、入国審査、電車・地下鉄、ホテルなどの各場面で覚えておくと便利で実用的な語句を紹介します。

Point Lesson (発音のポイント解説と発音レッスン)

イギリス英語の発音を聞き取るための重要ポイントを学ぶコーナーです。基本的な発音からカジュアルな発音までを取り上げ、やさしく解説しています。個々の発音だけでなくイントネーションなども学べます。

 発音レッスン

実際に発音練習を行うパートです。単語とそれを含む文を練習します。モデル発音の後に続いて発音してみましょう。対比のためにアメリカ英語を同時に収録しているレッスンもあります。(国旗マークで表示しています)

Relaxation Time

著者が体験をもとに書き下ろしたコラムです。イギリス旅行が楽しくなるコツがいろいろ紹介されています。ここで一息ついてから、次のレッスンに移りましょう。

●発音記号について

本書にでてくる発音記号はIPA（国際音声記号、International Phonetic Alphabet）方式を採用しています。p. 254〜255の発音記号表を参照してください。

●CDの収録内容

 CD1のTrack 4に収録されていることを示します。

収録音声は英文のみです。日本人役のめぐみさんと、発音レッスンの一部でアメリカ英語が使われており、Day 23,24では旅行者役でオーストラリアやカナダの発音を聞くことができます。そのほかはすべてイギリス英語です。

専用サイトではCD音声と、Muscle Training部分のスロー音声がダウンロードできますので活用してください。

http://www.ask-books.com/LisGym/British

イギリスの地図と本書で扱う場所

第1回
体力測定

トレーニングの初日です。
体力測定で自分のリスニング力/英語力を試し、
今後のトレーニングの指針を立てましょう。

Day 1 第1回 体力測定

学習日

トレーニングの前に、**1**〜**3**の問題に答え、自分の現段階の実力を正しく認識しておきましょう。
現段階でできなくても、この後4週間にわたってトレーニングしていきますので、心配はいりません。測定結果を見ながら、自分の弱点を把握しておくと、その後の学習に役に立ちます。
では、さっそく現在の実力をチェックしてみましょう。

【注意】音声は一度しか聞けません。最後までCDを止めないで一気に問題を解いてみましょう。

1 CDを使って、6つの短い会話文またはアナウンスを聞き、それぞれどのような場面なのかをあててください。答えは下の(a)〜(f)から選んでみましょう。細かい点というよりは、全体に注目して聞くことがポイントです。

(a) カフェでの会話　　　　　(b) 地下鉄でのアナウンス
(c) タクシーでの会話　　　　(d) 劇場に電話をかける際の会話
(e) ブティックでの買い物時の会話　(f) パブでビールを注文する際の会話

① (　　　　)　② (　　　　)　③ (　　　　)

④ (　　　　)　⑤ (　　　　)　⑥ (　　　　)

2 CDを聞いて、どちらの単語が読まれているかを選んで書き入れましょう。

① hid – head　　　② pig – big

③ red – led　　　④ heart – hurt

⑤ king – kin　　　⑥ bad – bed

⑦ thing – sing　　　⑧ fit – hit

⑨ flow – frow　　　⑩ sip – ship

3 CDを聞いて、空欄に入る語を書き取ってみましょう。（解答時間はそれぞれ20秒あいています。終了5秒前にチャイムが鳴ります）

① May I see your (^{1}　　　) and (^{2}　　　) (^{3}　　　)?

② Is this your (^{4}　　　) (^{5}　　　) to (^{6}　　　)?

③ You should (^{7}　　　) the No. (^{8}　　　) (^{9}　　　) rather than (^{10}　　　) to go to King's College Hospital.

④ What would you (^{11}　　　), (^{12}　　　) and bangers or fish and (^{13}　　　)?

⑤ Could you put (^{14}　　　), (^{15}　　　), (^{16}　　　) and (^{17}　　　) but no (^{18}　　　), please?

p. 19以降の解答解説を参照して採点し、判定も書き入れましょう。

第1回体力測定の結果

あなたの成績	正解数	正解率	判定
1 場面把握能力	/6問	%	
2 音の聞き分け能力	/10問	%	
3 単語の聞き分け能力	/18問	%	
総合点	/24問 34	%	

【総合判定とアドバイス】

A…正解率85%以上　　全体として英語力はある方です。この教材を使用して、より理解の正確性を高めて、「イギリス英語の達人」になりましょう。

B…正解率70%～84%　英語話者の言いたいことは大まかにはわかるようです。しかし、実際には、たくさんの語彙や言い回し、イギリス英語独特の発音などがあるので、この教材を使って、それらに慣れるようにしましょう。

C…正解率60%～69%　簡単な言い回しや文章であれば、理解できるようです。しかし、それが会話や長文レベルとなると、難しく感じることでしょう。この教材を使って、様々な場面や語彙に慣れていく必要があります。

D…正解率50%～59%　何となく、「感覚」で英語を理解しているのかもしれません。英語の音声や語彙に親しんで、英語力を向上させましょう。

E…正解率49%以下　　英語力の発展途上にあります。この教材を使用して、英語力を高めましょう。トレーニングはこれからです。

 正解率が低い項目に対するアドバイス

1 場面把握能力の正解率が低い場合
何度も音声を繰り返し再生して、内容を理解できるようになるまで聞いてみましょう。その際に、スロー音声を適宜、活用してください。細かいところも理解できるように、じっくり時間をかけて聞くことをおすすめします。

2 音の聞き分け能力の正解率が低い場合
Point Lessonや「発音レッスン」で十分に発音を練習しましょう。そして、**Warm-Up**の聞き取りのポイントをよく読んで、発音のコツを身につけてください。正しく音が聞けるようになると、発音改善にもつながるので、一石二鳥というわけです。

3 単語の聞き分け能力の正解率が低い場合
Point Lessonや「発音レッスン」、**Warm-Up**を活用して、ディクテーションを行ったり、シャドーイングを行ったりして、連続した自然な音声に慣れるように心がけましょう。聞くだけでなく、声に出して練習することも重要です。

Check your answers!

【第1回 体力測定　解答解説】（英文スクリプトと訳は巻末 p. 224）

1 ① **c**　trafficという語や代金が10 poundsほどかかるという内容から、タクシーに乗る場面であることがわかります。

② **f**　fish and chipsやa pint（ビール1パイント）、draught（ドラフト・ビール、生ビール）などの語から、この対話はパブで行われていることが推測できます。

③ **a**　coffeeやcake、biscuitなどの語から、この会話がカフェで行われていることが容易に推測できます。また、for here or to take away（店内をご利用ですか、お持ち帰りですか）というフレーズからも、飲食店（この場合はカフェ）であることがわかるでしょう。

④ **e**　shirtやblack、red、sizeなどの語やwhat size are youなどのフレーズから、洋服店で買い物をしている際の店員とのやり取りであることがわかります。

⑤ **b**　trainやgap、platform、undergroundなどの語から、地下鉄のアナウンスであることがわかります。

⑥ **d**　theatreやtickets、performanceといった語やhow can I help you?といった発言から、劇場に電話で問い合わせをしていることが推測できます。また、「レ・ミゼラブル」という演目がミュージカルであることを知っていると、内容がより理解しやすいでしょう。

2 ① head　② pig　③ red　④ hurt　⑤ king
⑥ bad　⑦ sing　⑧ fit　⑨ flow　⑩ ship

> 聞き取りのポイントと解説

① hidの /ɪ/ と headの /e/ の相違は、比較的、聞き分けやすいと言えます。

② /p/ と /b/ の違いを聞き取ります。/p/ と /b/ の違いは、声帯の振動を伴うか否かによって分けられ、/p/ は無声音と呼ばれ、/b/ は有声音と呼ばれます。語頭に来る [p] は気音と言って、[p] を発する際に息を伴って発音されるので、その違いにも注意する必要があります。

③ /r/ と /l/ の違いを聞き取ります。日本人学習者にとって最も苦手とする発音の一つです。/l/ よりも /r/ の方が、音調が暗い感じがすることを覚えておきましょう。

④ heartは [ɑː]、hurtは [ɜː] という母音がそれぞれ使われていますので、それらを聞き取る必要があります。この相違も日本人英語学習者にとって、聞き分けの難し

い音です。後者の方が、あいまいで少し暗い音調になります。

⑤ kingの語末の子音は[ŋ]で、kinは[n]です。前者は日本語式発音のように[**キング**]とは発音されません。日本語の「ん」のように少し奥まった感じの音となります。

⑥ badの母音は[æ]で、bedの母音は[e]です。前者は、「ア」と「エ」の要素が混じり合った音です。聞き分ける際のポイントは、前者は短母音に分類される音にもかかわらず、少し長めに発音されている点です。(p. 26 Point Lesson参照)

⑦ thingの語頭の子音[θ]とsingの語頭の子音[s]の聞き分けも、日本人英語学習者にとっては難しいのですが、前者と後者を比べると、後者の方が、空気が歯と歯の間から抜ける際の摩擦の音がより明確に聞こえますので、「勢いよく出ている音」といった印象があると思います。

⑧ fitとhitの相違を聞き取る際には、前者の/f/は、空気が勢いよく出てくる感じがしますが、/h/はそれほどでもありません。

⑨ flowとfrowの区別は、/l/と/r/の相違を聞き取ります。③でも言及しましたが、後者の/r/は/l/より少し暗く聞こえます。

⑩ shipの/ʃ/は日本語の「しゅ」よりも唇を丸めて発音するので、日本語の「しゅ」よりも「う」の要素が強いと感じると思います。この点が/s/と大きく異なる点です。

3 1 passport　　2 boarding　　3 pass　　4 first　　5 visit
　　6 Britain　　7 take　　8 68　　9 bus　　10 29
　　11 recommend　12 mash　　13 chips　　14 lettuce
　　15 tomato　　16 bacon　　17 cheese　　18 pickles

　この中で、アメリカ英語と大きく異なる発音は、passport、pass、tomatoです。passはアメリカ英語では[pæs]ですが、イギリス英語では[pɑːs]となります。また、tomatoはアメリカ英語では[təˈmeɪtoʊ]で[タ**メ**イトゥ]となりますが、イギリス英語では[təˈmɑːtəʊ]で[タ**マー**トゥ]となります。

　このようにアメリカ英語と大きく異なる発音の聞き取りが正確にできるかも、イギリス英語を聞き取る際に重要なカギとなります。

　しかし、今できなくても心配はご無用です。なぜなら、これから本格的なトレーニングをして、力を付けていくからです。それでは、一緒に頑張っていきましょう。

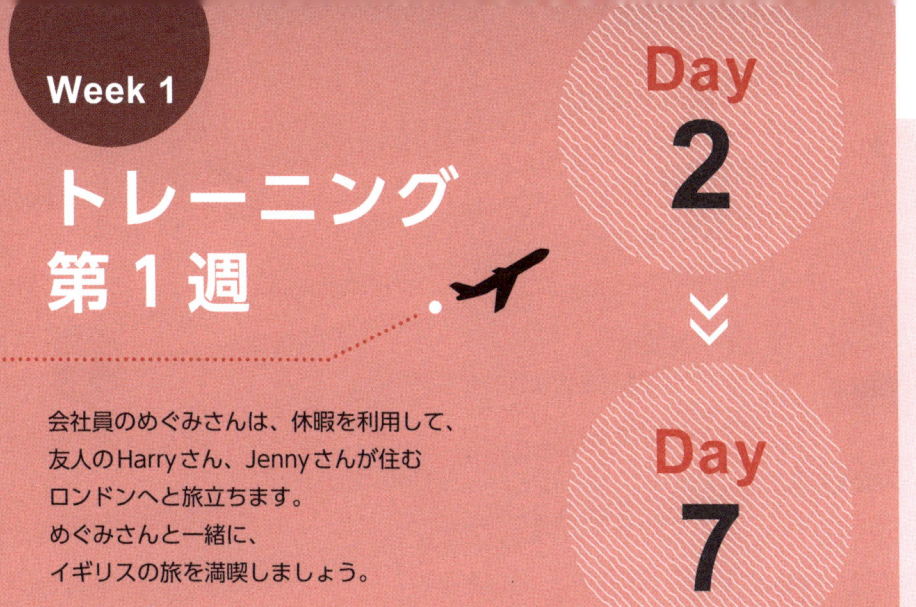

Week 1

トレーニング 第1週

Day 2 ▼ Day 7

会社員のめぐみさんは、休暇を利用して、友人のHarryさん、Jennyさんが住むロンドンへと旅立ちます。めぐみさんと一緒に、イギリスの旅を満喫しましょう。

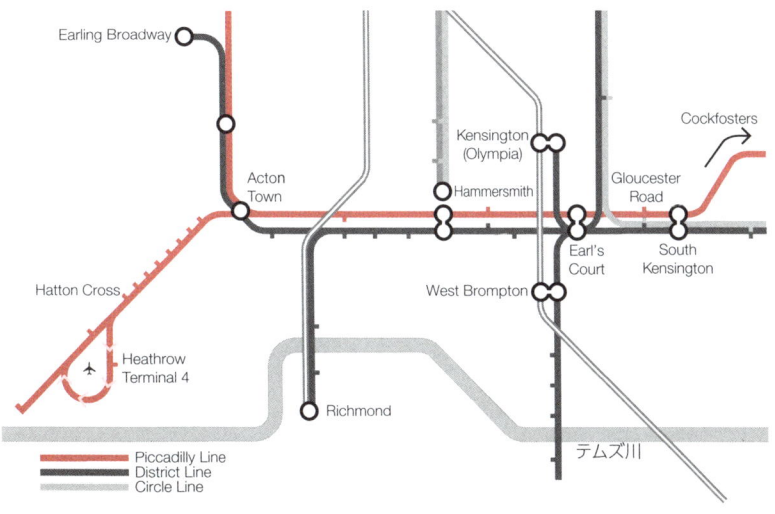

Day 2 Passport Control
入国審査

CDの音声を聞いて、（　　）に語句を書き込みましょう。

① Which (　　　　　) should I stand in?

② May I see your (　　　　　), please?

③ What's the (　　　　　) of your visit to the United Kingdom?

確認しよう！　● 正解と聞き取りのポイント ●

① queue　② passport　③ purpose

【解説】
①の単語は、[kjuː]と発音します。つづり字と発音がかい離しているので、予測することは難しい単語の1つと言えるでしょう。また、この単語はイギリス英語で主に用いられます。一方、アメリカ英語では、lineを使うのが一般的です。しかし、イギリスでは日常的に使われるので、覚えておきたい単語です。

②の発音は、アメリカ英語とイギリス英語の違いに注意が必要です。アメリカ英語では、[ˈpæspɔːrt]となりますが、イギリスでは[ˈpɑːspɔːt]となります。強勢（ストレス）がおかれた母音が異なっている点に注意しましょう。

③は発音しづらい単語です。発音しづらいということは聞き取りにくい単語と言えます。特に最初の母音の[ɜː]です。この母音は口をあまり開けず、あいまいでリラックスした状態で少し長めに発音すると、うまくいきます。また-poseの部分もあいまいに[-pəs]と発音するとよいでしょう。

Passport Control >> Day 2

めぐみさんがヒースロー空港に到着しました。これから入国審査にのぞみます。

1 めぐみさんと係員の会話を聞き取り、質問に英語で答えましょう。

ロンドンに到着

① There are three kinds of queues to stand in at the Passport Control. What are there?

___

② Why is Megumi visiting the UK?

___

③ How long will she stay?

___

④ Where will she stay?

___

⑤ Was she allowed to enter the UK?

___

Check your answers!

【解答解説】（訳は巻末 p. 228）

① **Queues use for UK, EU or Non-EU residents.**

*Joining the Queue*の入国審査官（IO1）の質問にa UK, EU or non-EU residentとあるため。音声で聞きとりづらいのは、residentです。日本語式の「**レ**ジデン**ト**」ではなく、「**レズ**デン**トゥ**」と聞こえます。

② **She is on holiday and she is visiting some friends.**

*At Passport Control*の入国審査官（IO2）の3つ目の質問にWhat's the purpose of your visit to the United Kingdom?とあり、その答えとして、I'm on holiday. I'm visiting some friends.とあります。聞き取りのポイントは、purpo**se**の[s]と**o**fの[ə]がくっついて、「**プ**ー**プ**ソ**ヴ**」のように聞こえる点です。

③ **She will stay in the UK for two weeks.**

*At Passport Control*のIO2の4つ目の質問に対して、めぐみさんはI'll be here for two weeks.とあります。

④ **She will stay at Millenium Bailey's Hotel, in Kensington.**

*At Passport Control*のIO2の5つ目の質問に対して、めぐみさんはAt the Millenium Bailey's Hotel, in Kensington.と言っています。聞き取りのポイントは、hotelです。日本語では「**ホ**テル」ですが、イギリス英語では[həʊˈtel]ですので、「**ホゥテ**ル」です。

⑤ **Yes, she was.**

*At Passport Control*の最後のIO2の発言において、You can go through to the customs area now.と言っています。聞き取りのポイントはcanです。「**キャン**」ではなく、「**クン**」に近い発音が使われています。後者の発音を「弱形」と呼び、通常、会話ではこの弱形が使われます。

Passport Control >> Day 2

2 CDの会話をもう一度聞きながら、目で確認しましょう。

Megumi : **M**　Immigration Officer 1 : **IO 1**　Immigration Officer 2 : **IO 2**

Joining the Queue

M : Excuse me, which queue should I stand in?

IO1 : Are you a UK, EU or non-EU resident? ①

M : Non-EU. I'm from Japan.

IO1 : In that case, join that queue on the right, please.

At Passport Control

IO2 : May I see your passport, please?

M : Here you are.

IO2 : When are you returning to Japan?

M : February 14. Sorry, my travel plan is in here somewhere.

IO2 : That's fine, Miss. I don't need to see it. Please look straight ahead. What's the purpose of your visit to the United Kingdom?

M : I'm on holiday. I'm visiting some friends. ②

IO2 : How long do you intend to stay?

M : I'll be here for two weeks. ③

IO2 : Where are you staying?

M : At the Millenium Bailey's Hotel, in Kensington. ④

IO2 : Thank you. You can go through to the customs area now. ⑤

📖 語句解説・関連語句

queue [名]（順番を待つ人や車などの）列（(イギリス英語)）

EU/Non-EU＊¹ [名] EU圏の人／EU圏外の人

resident [名] 居住者、住民

travel plan 旅行計画
［類語］itinerary （旅行の）行程、旅程

look straight ahead まっすぐ向く

go through 通過する、通る

the customs area 税関エリア

●入国で覚えておくと便利な語句

sightseeing 観光、旅行

business 仕事

attend a conference 会議に出席する

study abroad programme
短期留学プログラム

at my friend's house in Croydon
クロイドンにある友人の家で

【注】
*1) EU（欧州連合）は当初6か国で始まりましたが、現在28か国が加盟しています。ドイツ、オーストリア、ベルギー、ブルガリア、フィンランド、スウェーデン、フランス、ギリシャ、オランダ、ポーランド、アイルランド、イギリスなどがその主な加盟国です。

passportの 'a' はアメリカ英語とイギリス英語では違う？

　アメリカ英語では、口をやや横に広げて発音する /æ/ を使いますが、イギリス英語では、日本語の「あ」よりもややのどの奥で発音し、少し長めの /ɑː/ を使います。

ask [🇺🇸 æsk, 🇬🇧 ɑːsk]

米音 [æ] 　　　英音 [ɑː]

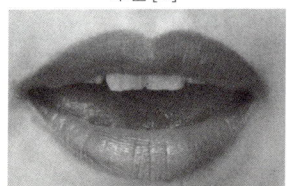
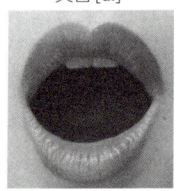

　写真を見ると、アメリカ英語の場合は、口がやや横に広がっているのがわかります。また、舌の位置が写真で見えることから、比較的口の中の前方で音を作っています。一方、イギリス英語の場合には、アメリカ英語に比べて、口が縦にあき、舌が見えません。ですから、比較的、口の奥の方で発音していることがわかります。

Passport Control >> Day 2

発音レッスン 下線部に気を付けながら、以下の発音をアメリカ英語→イギリス英語の順にレッスンしてみましょう。（例文の訳はp. 60）

1. t<u>a</u>sk
2. l<u>a</u>st
3. p<u>a</u>st / p<u>a</u>ssed
4. <u>au</u>nt
5. <u>a</u>nswer
6. How many t<u>a</u>sks do you need to finish by tomorrow?
7. I went to Scotland l<u>a</u>st year with my <u>au</u>nt.
8. Can you <u>a</u>nswer his questions?
9. Can you p<u>a</u>ss me the ketchup?

Relaxation Time
イギリス旅行を楽しむコツ
『イギリス人はにこりともしない？』

　イギリスに降り立って、最初に接するのは、入国審査官（immigration inspector）です。この入国審査官が意外と手ごわいのです。

　まず、審査官が使う英語にカルチャーショックを受ける方も少なくありません。というのも、日本人が思っているイギリス（人）やイギリス英語に対するイメージは、ジェントルマン／レディで、英語が丁寧であると思っている方が多いのではないでしょうか。しかし、審査官は、不愛想に、Next.（次）、How long?（どれくらい）、Take it out.（(パスポートをケースに入れている場合など）取り出して）といった具合なのです。Next, please. などとpleaseを付けることはまれですし、How long are you going to stay in the UK?などと学校教育で習うような完全文で話してくれることはまれです。ましてや、Could you take it out from the case?などと丁寧な言い方で言うことなど、まずありません。場合によっては、指示を口に出さず、指や手だけで合図をする場合もあります。

　また、審査官の態度にも驚くことがあります。パスポートを返却する際に、ポンッとほうり投げるようにして渡したり、次の人がすぐに来ないという立ちを示したり、ガムを噛みながら仕事をする審査官もいます。

　しかし、これでめげていてはいけません。このような態度は、イギリスの街に出ると日常茶飯事なので気にしていては、せっかくのイギリスは楽しめません。

　さあ、これからイギリス旅行の始まりです。

Day 3
International Arrivals
国際線の到着ロビー

学習日

CDの音声を聞いて、（　　）に語句を書き込みましょう。

CD1
7

① We could grab a (　　　　) to eat.

② But taking the (　　　　) would be cheaper.

③ Would you like to (　　　　) up as well?

確認しよう！ ● 正解と聞き取りのポイント ●

① **bite**　② **Tube**　③ **top**

【解説】
① biteの後ろにtoがあることから、/t/で終わり/t/で始まっています。この場合は、/t/を2回発音するのではなく、biteの方の/t/が脱落して、日本語の「ッ」になっているように聞こえます。語末の/t/は子音の中でも最もよく脱落するので、注意しましょう。

② Tubeはイギリス英語では[tjuːb]または[tʃuːb]と発音することが多いのに対して、アメリカ英語では[tuːb]または[tjuːb]と発音します。イギリス人のJennyさんはここでは[tʃuːb]と発音しているのに対して、めぐみさんは[tjuːb]と発音していることに注意しましょう。しかし、「地下鉄」という意味のtubeは基本的にイギリス英語であり、アメリカでは、subwayというのが一般的です。

③ top upはここでは「チャージする」という意味で使われていますが、ほかには「つぎたす、仕上げをする」という意味があります。ここでの聞き取りのポイントは、前の語が/p/という子音で終わり、次の語が/ʌ/という母音で始まっていることです。この場合、2つの単語をくっつけて、「トッ**パ**ップ」のように発音していますので注意が必要です。

International Arrivals >> Day 3

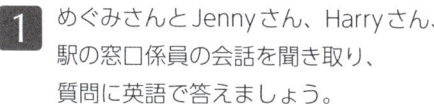
めぐみさんは空港の到着ロビーで友人のJennyさん、Harryさんと再会します。

ヒースロー空港での表示

1 めぐみさんとJennyさん、Harryさん、駅の窓口係員の会話を聞き取り、質問に英語で答えましょう。

① According to Harry, what is the best way to go to London?

_____

② Why did Jenny suggest taking the Tube?

_____

③ Which line did Megumi, Jenny and Harry use?

_____

④ What is the meaning of 'top up'?

_____

⑤ How much did Megumi top up?

_____

☑ Check your answers!

【解答解説】（訳は巻末 p. 228）

① It is to take the Heathrow Express.

Getting into London の Harry さんの 2 つ目の発言で、We could take the Heathrow Express. とあります。Heathrow は単独で発音された際には、row に強勢（ストレス）が来ますが、Heathrow Express や Heathrow Airport のように後ろに単語が続く場合には、Heath に強勢が移動しますので、注意が必要です。この現象をストレスシフト（強勢移動）と言います。

② Because it is cheaper.

Getting into London の Jenny さんの 1 つ目の発言で、But taking the Tube would be cheaper. と言っています。

③ They used the Piccadilly Line.

Getting into London の Jenny さんの 2 つ目の発言で、Okay, we can catch the Piccadilly Line right over there. と言っています。「～線を使う、乗る」と言うときに、動詞は catch を使います。catch を使った場合には、特に「時刻表で運航している乗り物に乗る」といった意味合いがあります。

④ It means how much extra someone would like to put on the card.

At the Ticket Office での Clerk の 2 つ目の発言に、how much extra would you like to put on the card? というのがあります。日本の Suica や PASMO と同様に、イギリスでもデポジット（保証金、預り金）を預けてカードを取得し、カードが不必要となったら、それを窓口に返却してデポジットを返してもらうシステムです。

⑤ She added 10 pounds.

At the Ticket Office での 3 つ目のめぐみさんの発言で、Please put 10 pounds on it. と言っていますので、10 ポンドチャージしたことがわかります。

International Arrivals >> Day 3

2 CDの会話をもう一度聞きながら、目で確認しましょう。

Megumi : **M**　Jenny : **J**　Harry : **H**　Clerk : **C**

Meeting in Arrivals

J & H : [waving] Hello, Megu! Over here!

M : Oh, Jenny! Harry! Hello! Thanks for coming to meet me!

J : No problem.

H : [looking at bags] Can I help you with those?

M : Thanks, but I've got them.

H : [taking bags] No really, I don't mind.

M : Thanks so much for your help. [They begin walking away from Arrivals]

Getting into London

H : Are you hungry? We could grab a bite to eat.

M : Thanks but I ate on the plane. What's the best way into London?

H : We could take the Heathrow Express. ①

J : But taking the Tube would be cheaper. ②

H : That's true…

M : I'm on a tight budget so I'd rather take the Tube.

J : Okay, we can catch the Piccadilly Line right over there. ③

Buying an Oyster Card

M : How about getting an Oyster Card now? I heard that's good for the Tube, buses and ferries.

J : Sounds like a good idea.

At the Ticket Office

M : I'd like to buy an Oyster Card, please.

C : That's 5 pounds. Would you like to top up as well?

M : I'm sorry. I don't understand. What do you mean by top up?

C : It's 5 pounds for the card; how much extra would you like to put on the

card? ④

M: Please put 10 pounds on it. ⑤

C: So that'd be a total of 15 pounds.

M: Okay, here you are.

[Sounds of clerk creating card]

M: OK, I got one!

H: Brilliant! Now you're all set to go!

J: Let's head down to the Tube!

 語句解説・関連語句

grab a bite to eat 軽く食事をとる
the Heathrow Express*1
ヒースロー・エクスプレス
Tube 名 地下鉄((イギリス英語))
tight budget きつい予算

the Piccadilly Line*2 ピカデリーライン (線)
Oyster Card*3 オイスターカード
top up (カードに) チャージする
brilliant 形 素晴らしい
head down to 〜へ向かう

【注】
*1) ヒースロー・エクスプレスは、ヒースロー空港とロンドンの中心部にあるターミナル駅の、パディントン (Paddington) を20分前後で結ぶ高速電車です。ヒースロー空港からロンドン都心部に出る最も早い手段。スタンダードクラスが片道18ポンド、ファーストクラスは26ポンド。
*2) ピカデリーラインは、ロンドン西部にあるヒースロー空港、またはアックスブリッジ (Uxbridge) とロンドンの北東部のコックフォスターズ (Cockfosters) を結ぶ。ロンドンでは3番目に利用客の多い地下鉄です。
*3) オイスターカードは日本のSuicaやPASMOに相当する非接触型ICカード。日本の非接触型ICカードと異なるのは、オイスターカードの場合、オイスターカードを利用したことによる割引料金があること。また、学生用、旅行者用などの限定カードがあります。

● 電車・地下鉄・乗り物に乗るときに便利な語句 (1)

time table 時刻表
exit 出口
ticket gate, entrance gate 改札口
ticket machine 券売機
lift エレベーター((イギリス英語))
アメリカ英語ではelevator。

single ticket 片道切符((イギリス英語))
アメリカ英語ではone-way ticket。
return ticket 往復切符((イギリス英語))
アメリカ英語ではround-trip ticket。
coach 長距離バス((イギリス英語))

International Arrivals >> Day 3

Noの 'o' は
アメリカ英語とイギリス英語では違う？

　アメリカ英語では、口を大きく開けた音から始まる[oʊ]ですが、イギリス英語では、あいまい母音から始まる[əʊ]です。あいまい母音とは、口をほとんど開けずに閉じ気味にして、リラックスした状態で、音を出します。不明瞭な音なので、あいまい母音と呼ばれます。写真を見てみると、口がリラックスしていて、あまり開いていないことがわかります。
ですから、アメリカ英語でのnoやknowとイギリス英語のそれらとでは、発音が異なります。日本人には、あいまいで少し暗い感じの音に聞こえるでしょう。

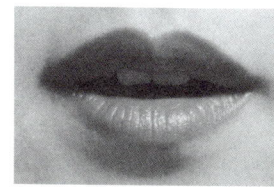

あいまいの母音 [ə]

下線部に気を付けながら、以下の発音をアメリカ英語→イギリス英語の順にレッスンしてみましょう。（例文の訳はp. 60）

1. n<u>o</u>te
2. c<u>oa</u>t
3. sh<u>ow</u>
4. l<u>ow</u>
5. You should take a n<u>o</u>te.
6. I bought a cashmere c<u>oa</u>t.
7. Please sh<u>ow</u> me your photos.
8. I feel a headache when l<u>ow</u> pressure approaches.

Day 4

The Tube

地下鉄

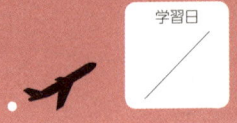

学習日 /

耳を慣らそう Warm-Up

CDの音声を聞いて、
(　　　) に語句を書き込みましょう。

CD1 10

① Yeah, we'll (　　　　　　) at Terminal 4.

② Please mind the (　　　　　　) between the train and the platform.

③ Let (　　　　　　) off the train first, please.

確認しよう！ ● 正解と聞き取りのポイント ●

① board　② gap　③ passengers

【解説】

①boardはイギリス英語では[bɔːd]と発音します。このboardは「～に乗車する[乗船する]」という意味で、日常的によく使われる動詞です。この単語の場合、アメリカ英語では、母音のあとにくる/r/を発音するのですが、イギリス英語では/r/を発音しないので、アメリカ英語に慣れている場合には、注意が必要です。

②gapは「ホームと電車の間の隙間」のことを指します。イギリスで電車に乗ると、必ず聞かれる単語ですので、覚えておきましょう。

③passengersは「乗客、旅客」という意味です。日本語式の[**パ**ッセンジャーズ]ではなく、[**パ**スンジャーズ]と聞こえる点に注意が必要です。発音記号で表すと、[ˈpæsəndʒəz]となります。

The Tube >> Day 4

Muscle Training 会話の聞き取りに挑戦

ロンドン中心地にあるめぐみさんの宿泊先のホテルに移動するため、3人は地下鉄に乗ります。

CD1 11

ロンドンの地下鉄のホーム

1 めぐみさん、Jennyさん、Harryさんの会話と地下鉄のアナウンスを聞き取り、英語で質問に答えましょう。

① What line do they take?

② Do they have to wait long for the train?

③ How long does it take to central London?

④ What line can they change at Earl's Court?

⑤ Which station do they get off?

☑ Check your answers!

【解答解説】(訳は巻末 p. 229)

① They take the Piccadilly Line.

*On the Tube*のHarryさんの1つ目の発言で、We need the Piccadilly Line to Cockfosters.と言っています。音声で注意が必要なのが、Piccadillyは日本では「ピカデリー」と言いますが、英語では[ˌpɪkəˈdɪli]となり、[ピク**ディ**リ]となります。つまり、強勢(ストレス)が[ディ]に来ます。しかし、Piccadillyの後ろに別の単語が来て、Piccadilly CircusやPiccadilly Lineのようになった場合には、第1音節のPíccadillyに強勢が来ます。

② No, they don't need to wait long.

*On the Tube*のJennyさんの1つ目の発言で、The trains come every few minutes, so we won't have to wait long.と言っています。自然な英語の発音では、waitなどのように、語末に/t/が来た場合に、その/t/を完全に開放させない傾向にあります。ですから、日本人には、語末の/t/が脱落しているように聞こえるのです。

③ It takes about half an hour.

*On the Tube*のJennyさんの2つ目の発言に、About half an hour.とあります。聞き取りのポイントは、halfのように子音[f]で終わり、次の単語がanと母音[ə]で始まる場合には、音がつながる点です。

④ They can change for the District Line.

*At Earl's Court*の最初のアナウンス(AA)を聞くと、Please change here for the District Line.と言っています。電車のアナウンスで、大衆的なイギリス英語を話す運転手や駅員による生のアナウンスの場合、changeが「**チェインジ**」ではなく、「**チャインジ**」と聞こえることが多々あります。

⑤ They get off at Gloucester Road.

*At Earl's Court*の2つ目のアナウンス(AA)で、The next station is Gloucester Road.と言っていて、その直後のJennyさんの発言はThis is our stop.と言っています。Gloucesterは[ˈglɒstə]と発音し、「**グロスタ**」となります。つづり字と発音がかなりかけ離れている単語ですので、注意が必要です。

The Tube 》》 Day 4

2 CDの会話をもう一度聞きながら、目で確認しましょう。

Megumi : **M**　Jenny : **J**　Harry : **H**　Automated Announcement : **AA**

Entering the Underground

M : So we use our Oyster cards before we get on the train, right?
H : Yeah, we'll board at Terminal 4. ...
J : Here we are.

On the Tube

M : There are a lot of lines here: yellow, red, green, brown ...
H : We need the Piccadilly Line to Cockfosters. ① That's the dark blue line. There's a colour chart at the bottom ... look.
M : Oh, I see ...
J : The trains come every few minutes, so we won't have to wait long. ②
M : Here it comes!
H : Let's get on. [Doors open, close as friends enter car]
AA : *Please mind the gap between the train and the platform.*
M : How long will it take to get into central London?
AA : *This is a Piccadilly Line service to Cockfosters.*
J : About half an hour. ③

At Earl's Court

AA : *Earl's Court. Please change here for the District Line.* ④
J : The next stop is ours. Let's help Megumi with her bags.
H : I've got it. Okay ...
M : Thanks so much!
AA : *The next station is Gloucester Road.* ⑤
J : This is our stop.
H : Yeah, we'd better get our things together. Have you got all your bags?
M : Yep.
AA : *Gloucester Road. Let passengers off the train first, please.*
H : Here we go!

語句解説・関連語句

colour chart[*1] カラーチャート、色図表
every few minutes 数分ごとに
mind the gap
（電車とホームの）隙間に気を付ける

help O with ～ Oが～を動かすのを手伝う
Yep.[*2] ああ、うん。（（アメリカ英語））

【注】
*1) colourはイギリス英語のつづりです。

アメリカ英語とイギリス英語でつづりが違うもの

アメリカ英語 🇺🇸	イギリス英語 🇬🇧	意味
aging	ageing	高齢化、老化
ameba	amoeba	アメーバ
analog	analogue	アナログ
behavior	behaviour	ふるまい
criticize	criticise	批判する
enroll	enrol	名前を登録する、入学する
offense	offence	（道徳的な）罪、違反、違法
pediatric	paediatric	小児科の
realize	realise	認識する
theater	theatre	劇場、演劇
tire	tyre	タイヤ
yogurt	yoghurt	ヨーグルト

*2) yepの/p/は完全に破裂させないので、止める感じで発音する。

●電車・地下鉄・乗り物に乗るときに便利な語句（2）

book 予約する（（イギリス英語））
1-day Travelcard 一日乗車券
3-day Travelcard 三日乗車券
left luggage 荷物預り所（（イギリス英語））
west (east, north, south) bound
西（東、北、南）方面行きの
Stand clear of the closing door.
閉まる扉にご注意ください。

lost property 遺失物取扱所（（イギリス英語））
conductor 運転手
change 小銭
Exact money only ［自動券売機の掲示で］釣り銭なし（直訳 ちょうどのお金のみ）
Change given ［自動券売機の掲示で］釣り銭あり

The Tube >> Day 4

Point Lesson　イギリス発音に慣れよう

母音のあとの 'r' を発音しない？

アメリカ英語は「**r音化するアクセント（rhotic accent）**」であるのに対して、イギリス英語は「**r音化しないアクセント（non-rhotic accent）**」です。つまり、特定の母音のあとのrを発音するのがアメリカ英語で、発音しないのがイギリス英語なのです。

ただし、アメリカ英語とは**標準アメリカ英語**、つまりGeneral American（GA）のことで、中西部方言のことを主に指します。このアクセントは、アメリカの広い範囲で、かつ多くのアメリカ人が話す方言です。一方で、イギリス英語とは**標準イギリス英語**、つまりReceived Pronunciation（RP）のことを言います（p. 8参照）。アメリカでも、イギリスでも地方によって発音は異なりますので、注意が必要です。

アメリカ英語とイギリス英語の発音上の相違を表すうえで、このrを発音するか否かは、最も顕著な相違の1つと言えます。

発音レッスン

下線部に気を付けながら、以下の発音をアメリカ英語→イギリス英語の順でレッスンしてみましょう。（例文の訳はP. 60）

1. car
2. part
3. chapter
4. driver
5. horn
6. merger
7. sculpture
8. He saw a car accident yesterday.
9. The important part of this story is in Chapter two.
10. The driver blew his horn.
11. M&A stands for mergers and acquisitions.
12. The museum is full of paintings and sculptures.

Day 5 Hotel Check-in
ホテルにチェックイン

学習日

Warm-Up 耳を慣らそう

CDの音声を聞いて、
(　　　)に語句を書き込みましょう。

CD1 13

① I'll come with you, just to make sure you (　　　　　) in okay.

② Could you spell your (　　　　　) for me, please?

③ It would be 30 (　　　　　) more per night, with breakfast.

確認しよう！　● 正解と聞き取りのポイント ●

① settle　② surname　③ pounds

【解説】

①は settle in という熟語で、「（新しい仕事や家、ホテルなどに）落ち着く、慣れる」という意味で、よく使われる表現です。settleは /l/ という子音で終わり、次のinは /ɪ/ という母音で始まっています。この場合、音の連結が起きるので、「セトゥル　イン」ではなく、「セトゥ**リ**ン」となります。

②は surnameで、名字のことを言います。family name と言われる場合もありますので、覚えておきたい単語です。urにあたる [ɜː] の発音は難しい発音です。口をあまり開けずに、リラックスして作る音です。短母音の場合には、[ə] という記号を使うのが一般的です。Day 3の **Point Lesson** を参考にしましょう。

③poundsはイギリスの通貨の「ポンド」のことです。日本語でpoundは「ポンド」と言いますが、英語では [paʊnd] と発音します。「ポンド」と発音してしまうと、通じないので、注意が必要です。

Hotel Check-In >> Day 5

Muscle Training — 会話の聞き取りに挑戦

めぐみさんがホテルにチェックインしています。ホテルスタッフに部屋の希望も伝えます。

CD1 14

1 めぐみさんとホテルスタッフ（女性）の会話を聞き取り、質問に英語で答えましょう。

① Did Jenny help Megumi to talk to the staff?

カードキーを受け取る

___

② How many days will Megumi stay?

___

③ Why did Megumi ask to change the room?

___

④ What kind of room was Megumi put in?

___

⑤ What is Megumi's room number?

___

☑ Check your answers!

【解答解説】（訳は巻末 p. 230）

① **No, she didn't. Megumi talked to the staff herself.**

*Arriving at the Hotel*のJennyさんとめぐみさんの会話で、JennyさんがI'll come with you, just to make sure you settle in okay.と言ったのに対して、めぐみさんがOkay, but please let me talk to the staff.と言っています。「せっかくイギリスに来たのだから、英語でコミュニケーションをとりたい」というめぐみさんの意思が伝わってきます。

② **For twelve nights.**

*Arriving at the Hotel*のところで、Hotel Receptionist (HR1) の4つ目の発言で、Okay ... I see it. You're staying for 12 nights, it that right?と言い、めぐみさんもYes, that's right.と言っています。

③ **Because she wanted to take a bath.**

*Upgrading the Room*でめぐみさんの2つ目の発言で、I reserved a standard room, but I think I'd like something with a bath — not just a shower.と言っています。イギリスでは、シャワーブースしかないホテルも多いので、バスタブが必要な場合には、事前に、またはチェックイン時に確認する必要があります。

④ **She was put into one of the club rooms.**

*Upgrading the Room*のHR1の2つ目の発言で、I can put you in one of our club rooms.と言っています。clubの/b/が完全に開放せずに、飲み込むように発音しているので、聞き取りづらいところでしょう。

⑤ **Her room number is 318.**

*Upgrading the Room*のHR1の最後の発言で、Here's your key: room 318.と言っています。数字は聞き取りづらい場合が多いので注意が必要です。

Hotel Check-In >> Day 5

2 CDの会話をもう一度聞きながら、目で確認しましょう。

Megumi : **M**　Jenny : **J**　Harry : **H**　Hotel Receptionist1 : **HR1**

Arriving at the Hotel

J　: This is your hotel, right?
H　: This is it.
J　: I'll come with you, just to make sure you settle in okay.
M　: Okay, but please let me talk to the staff. ① I need to learn to survive on my own in England.
J　: Sure. [Walks toward counter]
HR1: Welcome to the Millennium Bailey's Hotel. How can I help you, miss?
M　: Oh hello. I have a reservation with you.
HR1: What's your name? [Looking at the computer]
M　: Megumi Nakahara.
HR1: Could you spell your surname for me, please?
M　: N-A-K-A-H-A-R-A.
HR1: Okay ... I see it. You're staying for 12 nights, is that right?
M　: Yes, that's right. ②

Upgrading the Room

M　: Oh, if possible I'd like to make a change.
HR1: Certainly. What would you like to change?
M　: I reserved a standard room, but I think I'd like something with a bath — not just a shower. ③
HR1: No problem. I can put you in one of our club rooms. ④ They all have baths.
M　: How much extra would I have to pay?
HR1: It would be 30 pounds more per night, with breakfast.
M　: Hmm ... that's more than I had planned but I'll take it. ...
HR1: Here's your key: room 318. ⑤
M　: (to Jenny) So I guess we'll have to take the elevator ... um ... I mean "lift" to the third floor.

語句解説・関連語句

survive [動] 生き残る、何とかやっていく	standard room*1 スタンダードルーム
on one's own 自分自身で	with breakfast*2 朝食付きで
have a reservation 予約を入れている	room 318*3 318号室
make a change 変更する	lift [名] エレベーター((イギリス英語))

【注】
*1) 部屋の種類などの言い方
double room ダブルルーム、superior room スーペリアルーム、twin-bedded room ツインルーム、single-bedded room シングルルーム、suite room スイートルーム、ocean view オーシャン（海）ビュー、garden view ガーデン（庭）ビュー

*2) 朝食
continental breakfast「大陸式朝食、コンチネンタルブレックファスト」は、パンとコーヒー・紅茶の簡単なもの。これに対してEnglish breakfastは「英国式朝食、イングリッシュブレックファスト」で、通常、スクランブルエッグ（scrambled eggs）や目玉焼き（fried eggs）といった卵料理、トースト、ベーコン、ソーセージ、マッシュルームの焼いたもの、トマトの焼いたもの、チーズなどが提供されます。

*3) イギリス式階数の数え方
めぐみさんの宿泊する318号室は、日本式に言うと4階にある部屋です。liftに乗ると、「G」または「0」のボタンがありますが、これは日本の地上1階を表します。

	アメリカ英語	イギリス英語
1階	first floor	ground floor
2階	second floor	first floor
3階	third floor	second floor
4階	fourth floor	third floor

●チェックインやホテル滞在で覚えておくと便利な語句

reserve 予約する (イギリス英語ではbookをしばしば使う)	safety box 金庫
registration form 登録用紙	faucet ['fɔːsət]/tap 蛇口
luggage 手荷物((イギリス英語))	hot water お湯
confirmation number 確認番号	ventilation 空調
cancellation fee キャンセル料	pillow 枕
valuables 貴重品	lock out 締め出す
concierge*4 コンシェルジュ	buffet [bə'feɪ] style breakfast ビュッフェスタイルの朝食
porter*5 ポーター	smoking/non-smoking room 喫煙室／禁煙室
cloak*6 クローク	

Hotel Check-In >> Day 5

【注】
*4) 宿泊客の応対係。
*5) ホテルに到着した車やタクシー、バスなどから、宿泊客の荷物をフロント、または客室まで運ぶ人。
*6) 宿泊客の荷物を預かる所。

Point Lesson　二重母音に気を付ける

英語で二重母音であるものを、日本語では長母音にして発音する傾向があります。たとえば、okayを「オーケー」と発音するといった具合です。okayは正確には[oʊˈkeɪ]です。ですから、「オゥ**ケィ**」と発音します。カタカナ語として、日本語でよく使われるものに関しては、特にこの傾向が強いので、注意が必要です。

二重母音を発音する際に気を付ける点は、最初の要素を長く強く、次の要素を短く弱く発音することです。たとえば、日本語で「愛（あい）」といった場合、イメージで言うと下記のようになります。日本語の場合には、前の要素「あ」と後ろの要素「い」が明確に分かれています。

| あ | い |

日本語の「愛」

一方で、英語のIやeyeはイメージで言うと、下記のようになり、前の要素 /a/ と後ろの要素 /ɪ/ が明確には分かれません。
イメージ図を思い浮かべながら、二重母音を練習してみましょう。

| a　　　ɪ |

英語のI, eye

発音レッスン　下線部に気を付けながら、二重母音を練習してみましょう。（例文の訳はp. 60）

1. like
2. pie
3. ice
4. shy
5. pay
6. toy
7. pirate
8. I like to eat lemon pie with ice cream.
9. John is a shy boy.
10. Please pay attention to the staff.
11. I bought a couple of toys for my nephew.
12. My favourite movie is 'Pirates of the Caribbean.'

Hotel Check-In >> Day 5

Relaxation Time

『イギリスの街歩き』

　イギリスに滞在中、ホテルにこもってゆっくりとした時間を過ごすのも贅沢な過ごし方ですが、せっかくなら、イギリスの街歩きを楽しむことをおすすめします。なぜなら、イギリスの街歩きは、様々な発見の連続だからです。

　地図を片手に出かけると、道に迷うことを心配することなく、あちこちを動き回れます。そこでおすすめなのが、Geographers' A-Z Map Company社が出している"Geographers' A–Z Street Atlas"という地図本です。通称、"A to Zed"と呼ばれ、1936年の出版以来、多くのイギリス人や観光客に親しまれており、街の本屋だけでなく、駅や駅近くの売店、土産物屋などで購入が可能です。大都市や主な観光都市のバージョンがそれぞれ出版されていますので、たとえば、「ロンドンを散策する」場合は、"London Street Atlas"を手に入れましょう。カラフルで見やすく、建物や地下鉄の駅などが探しやすいのが特徴です。すべて英語で書かれていますが、アルファベットが読めれば、これが非常に使い勝手のよい地図なのです。

　また、イギリスの街歩きが簡単な理由は、どんなに小さな通りでも「名前」がついているので、地図などで現在地や目的地が探しやすい点です。たとえ、通りの名前が同じ場合でも、郵便番号の前半部分で確認すれば、現在地や目的地を簡単に見つけることが可能です。たとえば、ロンドンのCadogan Squareという通りにある家に招待されて行くとします。そして、その目的地の郵便番号がSW1X 0HYだと仮定します。郵便番号の前半にあたるSW1XのSWは郵便地域（postal area）を表し、その後の1Xは郵便地区（postal district）を表します。後半の0HYの数字は郵便部門（postal sector）を、その後のアルファベットは受取地点（delivery point）をそれぞれ示しています。ここで、注目するのが、前半のSW1Xです。SW1は、London Southwestern and Battersea地区1ということになります。

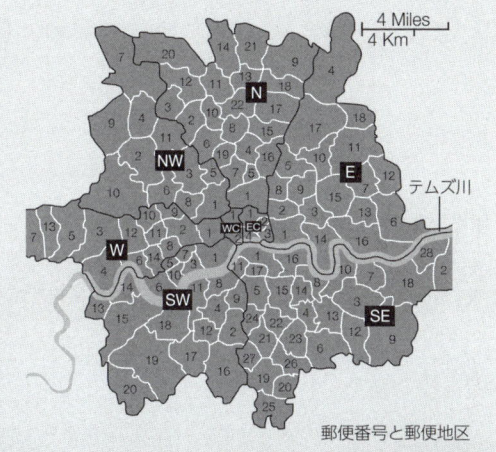

郵便番号と郵便地区

　また、この郵便地区は、道に迷った際などに、通りの名前を記したプレート（右の写真参照）にも書かれていますので、確認しながら、街歩きを楽しんでみてはいかがでしょうか。

Day 6 Hotel Services
ホテルのサービス

学習日

Warm-Up

耳を慣らそう

CDの音声を聞いて、(　　) に語句を書き込みましょう。

CD1 16

① We have a restaurant, bar and (　　　　)(　　　　).

② Thanks ... um ... when do you (　　　　) afternoon tea?

③ Do you have any information about (　　　　) tours, please?

確認しよう！　● 正解と聞き取りのポイント ●

① **business centre**　② **serve**　③ **guided**

【解説】

①businessは日本式発音である「ビジネス」ではなく、「**ブ**ズネス」に近い発音に聞こえます。正確に発音記号で書くと、['bɪznəs]となります。アメリカ英語と比べた場合、あいまいな母音が使われることが多いため、理解しづらいことがあります。めぐみさんのアメリカ式のbusinessの発音と比べてみましょう。

②めぐみさんはアメリカ英語で話していますが、serve はイギリス英語では、rを発音しませんので、[sɜːv]となり、「**スーヴ**」に近い発音となりますので注意が必要です。ここではserveは「(飲食物を) 出す、給仕する」という意味で使われています。

③guided の語末の/d/はほとんど発音されていないため、「**ガィ**ディットゥアズ」と聞こえます。語末の/t/や/d/はしばしば脱落して聞こえるので、脱落しても意味が正しく理解できるように注意が必要です。

Hotel Services >> Day 6

会話の聞き取りに挑戦 Muscle Training

めぐみさんが、ホテルのスタッフに設備やサービスについて尋ねている場面です。

CD1-17

ボリュームたっぷりの英国式朝食

1 めぐみさんとホテルスタッフ(男性)の会話を聞き取り、質問に英語で答えましょう。

① What kind of facilities does the hotel have?

_____

② What does Megumi need in order to use the business centre?

_____

③ When does the hotel serve afternoon tea?

_____

④ What kind of guided tours do they have?

_____

⑤ How much are the tours in general?

_____

☑ Check your answers!

【解答解説】（訳は巻末 p. 231）

① It has a restaurant, bar and business centre.

Hotel Receptionist における Hotel Receptionist 2 (HR2) の２つ目の発言において、We have a restaurant, bar and business centre. と言っています。ただし、その後、Here's our brochure: this will tell you everything you need to know. と言っているので、HR2 は代表的な施設を述べたにすぎず、このほかにも施設があることがくみ取れます。

② She needs her own debit or credit card.

Hotel Receptionist における HR2 の３つ目の発言において、No, you can use your debit or credit card. と言っています。debit card「デビットカード」とは、ペイメントカードの一種で、銀行の預金口座から、すぐに引き落としができるカードのことです。クレジットカードとは違い、すぐに預金口座から引き落とされるため、預金がなければ引き落とされません。

③ Between 3:00 PM and 6:00 PM.

Hotel Receptionist における HR2 の４つ目の発言で、Afternoon tea is between 3:00 PM and 6:00 PM. と言っています。数字や時間は聞きなれないと、聞き取りづらく感じることもあるので、注意しましょう。

④ They have City Tours, Thames River tours, Double Decker Tours, a day tour to the Cotswolds ...

Guided tours の HR2 の１つ目の発言に、There are a few right here: City Tours, Thames River tours, Double Decker Tours, a day tour to the Cotswolds ... とあります。声の調子から、それ以外にもあることを示唆しています。

⑤ Most of them are under 30 pounds.

Guided tours の HR2 の３つ目の発言に、Prices vary. Most of them are under 30 pounds, though. とあります。そのほかには、高いものでは 50 ポンドくらいになることが、その続きの発言、The more expensive ones are around 50 pounds. からわかります。

Hotel Services >> Day 6

2 CDの会話をもう一度聞きながら、目で確認しましょう。

Megumi : **M**   Jenny : **J**   Hotel Receptionist 2 : **HR2**

Hotel Receptionist

HR2 : How can I help you, miss?

M : Could you tell me a bit more about the hotel's facilities? Do you have a restaurant?

HR2 : <u>We have a restaurant, bar and business centre.</u> ① Here's our brochure: this will tell you everything you need to know.

M : Thanks. I may use your business centre later. Do I have to fill anything out for that?

HR2 : No, <u>you can use your debit or credit card.</u> ②

M : <u>Thanks ... um ... when do you serve afternoon tea?</u>

HR2 : <u>Afternoon tea is between 3:00 PM and 6:00 PM.</u> ③

M : Thank you.

Guided Tours [The other day]

M : Hi. <u>Do you have any information about guided tours, please?</u>

HR2 : Sure. <u>There are a few right here: City Tours, Thames River tours, Double Decker Tours, a day tour to the Cotswolds ...</u> ④

M : And are these all run by the hotel?

HR2 : No, but these are the tour companies we recommend. Most of them offer a discount to guests. If you want a tour, we can arrange it for you.

M : Are they expensive?

HR2 : <u>Prices vary. Most of them are under 30 pounds, though.</u> ⑤ The more expensive ones are around 50 pounds.

M : Thanks. I'll take these leaflets back to my room and look them over.

語句解説・関連語句

brochure [ˈbrəʊʃə] 名 パンフレット、小冊子
fill ~ out 〜を埋める、記入する
afternoon tea*¹ アフタヌーンティー
City Tours*² ロンドン市内を巡るツアー

Thames River Tours
テムズ川を船で巡るツアー

Double Decker Tours
ダブルデッカーバスに乗って巡るツアー

Cotswolds*³ (地名) コッツウォールズ

【注】
*1) Day 11 参照。
*2) ロンドン市内を巡るツアーは、半日・一日など、様々なツアーがあります。たとえば、半日のツアーの代表的なものですと、大英博物館 (the British Museum)、ロンドン塔 (the Tower of London)、ウェストミンスター寺院 (Westminster Abbey)、トラファルガー・スクエア (Trafalgar Square)、聖ポール大聖堂 (St. Paul's Cathedral)、バッキンガム宮殿 (Buckingham Palace)、国会議事堂 (House of Parliament) などを巡ります。
*3) コッツウォールズはロンドンからバスで西に1時間強行ったところにあるイングランド屈指のカントリーサイドです。のどかな風景が続き、はちみつ色や黄金色、白色の石造りの家々が並び、自然を満喫できます。バイブリー (Bibury)、チェルトナム (Cheltenham)、チッピング・カムデン (Chipping Campden)、サイレンセスター (Cirencester)、チッペナム (Chippenham)、カースル・クーム (Castle Combe) などが有名な地域。(→Day 23, 24)

Point Lesson イギリス発音に慣れよう

「ショー」、「トー」って何？

　英語も時代によって変化します。長い歴史の中で、つづりが変化したり、発音が変化したりと、時代に合った変遷を遂げてきました。特に、20世紀末から21世紀にかけて、メディアやインターネットの発達により、発音の変化も以前と比べて著しいと言われています。

　たとえば、sureが年配層では[ʃʊə]と発音する人が多いのに対して、若者層では[ʃɔː]と発音する人がかなり多いのです。Day 6の *Guided Tours* でHR2は最初の発言でSure.を「ショー」と発音しています。

　また、tourも年配層では[tʊə]と発音する人が多いのに対して、若者層では[tɔː]と発音する人が多いため、聞き取りの際には、注意が必要です。同じくDay 6のGuided ToursのHR2の最初の発言で出てくるtoursも「トーズ」と発音しています。

　二重母音[ʊə]が[ɔː]になる現象は、イギリスではかなり一般的になっており、特に日常的な語においてその音変化が顕著に表れます。

Hotel Services >> Day 6

発音レッスン　下線部に気を付けながら、以下の発音練習をしましょう。
単語、例文ともに、[ʊə] [ɔː]の順に読まれています。

1. sure [ʃʊə] [ʃɔː]
2. tour [tʊə] [tɔː]
3. poor [pʊə] [pɔː]
4. I'm sure he is a medical doctor.
5. We made a tour around Europe for two weeks.
6. He is poor at mathematics.

(例文の訳は p. 60)

Relaxation Time
イギリス旅行を楽しむコツ
『チップって？』

　チップ (Tip) とは「心づけ」のことで、サービスを担当してくれた人に対してお礼をする意味合いがあります。そのため、金額などに厳密な決まりはありません。

　ホテルでチップを直接渡す場面は、いくつか考えられますが、まずホテルに着いたら、ポーターが荷物を運んでくれます。そのポーターに対して、荷物1つあたり50ペンスから1ポンドを渡します。荷物を持ってくれた後に、チップを渡しながら "Thank you for your help [hospitality]. (手伝ってくれてありがとう［お世話になりました］)" と言って手渡すと感じがよいでしょう。事前にポケットなどに、コインを忍ばせて、すぐに渡せるように準備をしておくとスマートです。また、ベッドメイキングをしてくれるスタッフに対して、一晩あたり1ポンド程度を枕元に置いておきます。

　また、タクシーを利用した場合には、支払いの際に、料金に10%位の金額を上乗せして支払うのが一般的です。現金払いの際には、おつりを運転手が返してきたところで、"That's OK. Thank you. (いいんです。ありがとう)" などと言って、去ってもよいでしょう。ところで、イギリスのタクシーは一度降りて、助手席側から代金を支払うのがルールです。ですから、日本のように車内で精算することはありません。トランクなどの荷物を積んでもらったり、自分で大きな荷物を載せたりした場合には、荷物一つ当たりに1ポンドを追加して支払います。

　レストランでは、支払いの際の請求書 (bill) に "Service not included (サービス料は含まれていません)" と書いてある場合には、10%ほどをチップとして追加して支払います。クレジットカード払いの場合には、service欄に代金の10%ほどのサービス料を書き入れて、精算すると便利です。現金の場合には、おつりが返ってきたら、代金の10%くらいをテーブルの上やトレイの上などにおいて、レストランを出ましょう。喫茶店やパブなどでは、基本的にチップは不要です。

　チップはあくまで「心づけ」なので、サービスが良くないと思った場合やカジュアルな店の場合には、支払う必要はありません。また、サービスが含まれている場合もあります。

Day 7 Café
カフェ

学習日

Warm-Up 耳を慣らそう

CDの音声を聞いて、（　　）に語句を書き込みましょう。

CD1 19

① Eat-in or (　　　　) (　　　　　)?

② I'll have a (　　　　　) of everything, thanks.

③ Yes, just (　　　　) (　　　　　) cafesupremo and use the password on the window sticker over there.

確認しよう！ ● 正解と聞き取りのポイント ●

① **take away**　② **bit**　③ **log onto**

【解説】
①take awayは、takeが/k/という子音で終わり、awayは/ə/という母音で始まっているので、こうした場合には、音がつながって聞こえますので、「テイク　アウェイ」ではなく、「テイカウェイ」となります。

②アメリカ英語の場合、bitのように/t/で終わり、ofのように次の語が母音で始まる場合、/t/が日本語の「ら」のようになります。この現象を専門用語では、「たたき音化」と言います。めぐみさんにもこの現象が聞かれます。

③log ontoは①と同様に音がつながっていますので、「ログ　オントゥ」ではなく、「ロゴントゥ」と発音しています。

Café >> Day 7

Muscle Training 会話の聞き取りに挑戦

めぐみさんは、カフェに行ってサンドイッチとドリンクを頼みます。

CD1 20

野菜たっぷりのサンドイッチ

1 めぐみさんとホテルの係員、ウェイトレスの会話を聞き取り、質問に英語で答えましょう。

① What did Megumi order?

___

② Did the waitress put mayonnaise in the sandwich?

___

③ What topping did the waitress put in the sandwich?

___

④ Did Megumi need milk and sugar for her coffee?

___

⑤ Is there Wi-Fi at the café?

___

Check your answers!

【解答解説】（訳は巻末 p. 231）

① She ordered a tuna sandwich.

Café (At the counter) において、めぐみさんは最初の発言で、I'd like a tuna sandwich, please.と言っています。英語では、tunaを [ˈtjuːnə] と発音する人も多いので注意しましょう。ここでめぐみさんも日本語式の「ツナ」ではなく、「**チューナ**」に近い発音をしています。

② Yes, she did.

Café (At the counter) のWaitress (WA)は2つ目の発言でWith mayonnaise or without?と質問し、それに対するめぐみさんの答えとして、With, please.と答えています。mayonnaiseの強勢は第1音節におかれます。

③ She put in tomatoes and lettuce.

Café (At the counter) におけるWAの3つ目の発言で、What toppings would you like? We've got tomatoes, lettuce, cucumber ...と言っています。それに対するめぐみさんの答えは I'll have a bit of everything thanks. Oh ... um ... but no cucumber.となっていますので、トマトとレタスは入れたことが伺えます。ただし、WAの声の調子からすると、トッピングはトマト、レタス、キュウリのほかにもあることがわかります。

④ Yes, she did.

Café (At the counter) のWAの6つ目の発言で、Milk and sugar?と質問したのに対して、めぐみさんは、Both, please. と答えています。

⑤ Yes, there is.

Café (At the counter) の最後のめぐみさんの発言で、WAにOh, and do you have Wi-Fi here? と尋ね、それに対してWAがYes, just log onto cafesupremo and use the password on the window sticker over there. と答えています。

Café >> Day 7

2 CDの会話をもう一度聞きながら、目で確認しましょう。

Megumi : **M**　Hotel Receptionist : **HR2**　Waitress : **WA**

Choosing a Place to Eat

M : Sorry but is there any place to eat around here?

HR2 : What did you have in mind? A pub? Fish and chips? There's a café right around the corner.

M : Thanks, I'll try that.

Café (At the counter)

M : I'd like a tuna sandwich, please. ①

WA : Eat-in or take away?

M : Eat-in, please.

WA : With mayonnaise or without?

M : With, please. ②

WA : What toppings would you like? We've got tomatoes, lettuce, cucumber …

M : I'll have a bit of everything, thanks. Oh … um … but no cucumber. ③

WA : Would you like anything to drink with that?

M : Um … yes, I'd like a coffee, please.

WA : Small, medium or large?

M : Small, please.

WA : Milk and sugar?

M : Both, please. ④

WA : Here you are. That's 3.75 pounds please.

M : That looks delicious. [Handing money over] Thanks.

M : Oh, and do you have Wi-Fi here?

WA : Yes, just log onto cafesupremo and use the password on the window sticker over there. ⑤

語句解説・関連語句

pub*¹ 名 パブ
Fish and chips*² フィッシュアンドチップス
take away 持ち帰り（（イギリス英語））
アメリカではtake outと言います。

cucumber 名 きゅうり
Wi-Fi*³ 名 ワイ・ファイ
log onto 〜にログインする
window sticker 窓に貼ってあるステッカー

【注】
*1) パブとは、大衆的な酒場で、public houseの略です。イギリスでは、昼からランチを提供したり（これをパブランチと呼びます）、軽い夕食を提供したりするところも多いのです。（→Day 14）
*2) フィッシュアンドチップスは、白身魚（たとえば、鱈 (cod) やコダラ (haddock)）のフライに、太めの棒状のフライドポテト（イギリスではこれをchipsと呼びます）を添えたイギリスの大衆料理です。これにマッシーピー (Mushy pea, ゆでてつぶしたグリーンピース) や、タルタルソースが添えられているものもありますが、大衆的なものは、魚のフライにフライドポテトのみで、これにモルトビネガー (Malt Vinegar, 麦芽酢) をかけて食べます。（→p. 101 Relaxation Time）
*3) 無線LANの規格の一つで、Wireless Fidelityの略。

●カフェで注文する際に覚えておくと便利な語句

Still or sparkling?
（ウェイターやウェイトレスが）水は炭酸抜きにしますか、炭酸入りにしますか。
tap water*⁴ 水道水
decaf カフェイン抜きの（通常はコーヒーを指す）

recommendation おすすめ
low fat (no fat) milk 低脂肪（無脂肪）乳
espresso エスプレッソ
black tea ストレートティー

【注】
*4) イギリスのレストランやカフェなどでは水は基本的に有料ですので、無料の水がほしい場合には、Tap water, please.と言いましょう。

ロンドンのカフェのショーウィンドウ

Point Lesson: カジュアルな発音では子音が落ちる？

Day 7のウェイトレスは、カジュアルなイギリス英語を話します。カジュアルで大衆的なイギリス英語の場合、語末の子音、特に無声子音（声帯の振動を伴わない音のこと。/t/など）が声門閉鎖音[ʔ]に置き換えられることが、しばしばあります。声門閉鎖音とは、日本語の「ッ」だと考えるとわかりやすいかもしれません。聞き手は、この音を「一瞬の間」、あるいは「音が脱落している」と感じます。しかし、この「一瞬の間」がなかなか聞き取れず、日本人は苦労するのです。

Day 7では、たとえば、withoutの/t/、likeの/k/、thatの/t/が声門閉鎖音に置き換えられています。もう一度、CDの音声で、文章で確認してみましょう。

① With mayonnaise or without?
② What toppings would you like?
③ Would you like anything to drink with that?

いかがでしたか。聞き取れたでしょうか。
ただし、保守的な英語を話す人の中には、こうした音の置き換えを嫌う人もいます。

発音レッスン

下線部に気を付けながら、ダイアログにおけるカジュアルなイギリス英語の音声と標準イギリス英語話者による比較的丁寧に読んだ場合の音声を比較してみましょう。ダイアログの音声→標準イギリス英語話者の音声の順に読まれます。（例文の訳はp. 60）

1. without
2. like
3. that
4. kick
5. With mayonnaise or without?
6. What toppings would you like?
7. Would you like anything to drink with that?
8. George was kicked out by his boss.

Week 1 発音レッスンの英文訳

Day 2 (p. 27)
6. 明日までにいくつのタスクを終えないといけないのですか。
7. 昨年、叔母とスコットランドに行きました。
8. 彼の質問に答えられますか。
9. ケチャップを取ってもらえますか。

Day 3 (p. 33)
5. あなたはメモを取ったほうがよいでしょう。
6. 私はカシミアのコートを買いました。
7. あなたが撮った写真を見せてください。
8. 低気圧が近づいて来ると頭痛がします。

Day 4 (p. 39)
8. 彼は昨日、自動車事故を目撃しました。
9. この物語の重要な場面は第2章にあります。
10. 運転手はクラクションを鳴らしました。
11. M&Aは、「吸収合併」の略語です。
12. その博物館にはたくさんの絵画や彫刻があります。

Day 5 (p. 46)
8. レモンパイのアイスクリーム添えが好き（食べたい）です。
9. ジョンは内気な少年です。
10. スタッフの言うことを聞いてください。
11. 甥のためにおもちゃを2つ、3つ買いました。
12. 私の好きな映画は、『パイレイツ オブ カリビアン』です。

Day 6 (p. 53)
4. 彼は間違いなくお医者さんだと思うけど。
5. 私たちは2週間にわたってヨーロッパの周遊旅行をしました。
6. 彼は計算（数学）が苦手です。

Day 7 (p. 59)
5. マヨネーズはつけますか、抜きにしますか。
6. トッピングは何にしますか。
7. ご一緒にお飲み物はいかがですか。
8. ジョージは、上司から解雇を言い渡された。

Week 2

トレーニング第2週

Day
8
⌄
Day
14

めぐみさんは、ひとりで二階建てバスに乗車します。それから、3人でバッキンガム宮殿や大英博物館など、ロンドンの中心部を見学します。後半は、郊外へサッカー観戦に出かけ、パブも楽しみます。

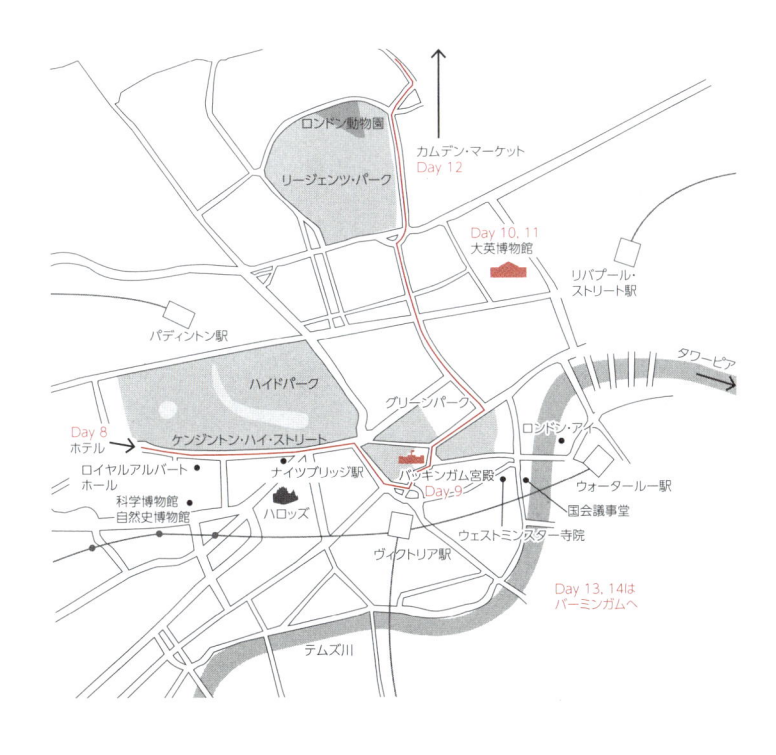

ロンドン動物園
リージェンツ・パーク
カムデン・マーケット
Day 12
Day 10, 11
大英博物館
リバプール・ストリート駅
パディントン駅
ハイドパーク
タワーピア
グリーンパーク
Day 8
ホテル
ケンジントン・ハイ・ストリート
ロンドン・アイ
ロイヤルアルバートホール
ナイツブリッジ駅
バッキンガム宮殿
ウォータールー駅
科学博物館
自然史博物館
ハロッズ
Day 9
国会議事堂
ウェストミンスター寺院
ヴィクトリア駅
Day 13, 14は
バーミンガムへ
テムズ川

Day 8 Taking a bus
バスに乗る

学習日

Warm-Up 耳を慣らそう

CDの音声を聞いて、
(　　　) に語句を書き込みましょう。

CD1 22

① Yeah, a (　　　　　).

② Just press it flat against the (　　　　　).

③ It'll give you the best view; there's a lot to see along the (　　　　　).

確認しよう！ ● 正解と聞き取りのポイント ●

① Routemaster　② scanner　③ way

【解説】
①Londoner（ロンドンっ子）による発音ですので、Routeの /t/ が声門閉鎖音 [ʔ]（日本語の「ッ」のような音）に変わっています。しかし、masterの /t/ は明確に発音されています。このことから音の脱落は、語末または音節末に起こることが多いということを覚えておきましょう。

②scannerの語末が正確に聞き取れるかがポイントです。「スキャナ」ではなく「スキャヌ」のように聞こえます。強勢のこない母音は、あいまいに聞こえるということを覚えておきましょう。

③wayは標準イギリス英語（RP）話者ですと、[weɪ] と発音しますが、Londonerは [waɪ] または [wɒɪ] と発音します。したがって、「ウェイ」ではなく、「ワイ」または「ウォイ」に聞こえます。この話者は、後者で発音しています。

Taking a bus >> Day 8

会話の聞き取りに挑戦 Muscle Training

めぐみさんは、Jennyさん、Harryさんと合流するために、バス停でハイドパーク行きのバスを待っています。

CD1 23

2階建てバス「ルートマスター」

1 めぐみさんと地元の女性の会話を聞き、質問に英語で答えましょう。
(Londonの下町言葉で早口なので、聴き取りが難しいかもしれませんが挑戦してみましょう)

① Which bus did Megumi need to take to Hyde Park?

② What is a Routemaster?

③ Can she use her Oyster Card on the bus?

④ Which train station did she pass?

⑤ When she wanted to get off the bus, what did she do?

✓ Check your answers!

【解答解説】（訳は巻末 p. 232）

① She needed to take the Number 9 bus service.

At the Bus Stop [in Kensington] のLondonerの1つ目の発言に、You need a Number 9; that stops at Hyde Park. とあります。イギリスのバスには基本的に番号と行き先が書いてあるので、それを確認して、バスに乗ることが重要となります。よって、数字の聞き取りは重要です。nineは通常の[naɪn]ではなく、ロンドンにおける大衆的な発音では[nɒɪn]で［ノイン］と発音することも多いので、注意が必要です。

② It's one of the older style double-deckers.

At the Bus Stop [in Kensington] のLondonerの3つ目の発言にIt's one of the older style double-deckers. とあります。聞き取りのポイントは、double-deckerです。一語で発音された場合には、deckに強勢（ストレス）が来ます。しかし、a double-decker bus のような場合には、deckからdoubleに強勢が移動するということも覚えておきましょう。

③ Yes, she can.

At the Bus Stop [in Kensington] のめぐみさんの7つ目の発言でCan I use my Oyster Card? と言っているのに対して、driverがOf course. と答えています。ただし、現実には、バスの運転手の多くは、Of course. と答えてくれることは少なく、手で合図するとか、うなずくだけとかにとどまるということも多々あります。

④ She passed Knightsbridge Station.

At the Bus Stop [in Kensington] のLondonerの7つ目の発言に、... and there's Knightsbridge Station. とあります。Knightsbridgeの発音は[**ナ**ィツブリッジ]となります。地名は重要なのですが、聞き取りづらいので、注意しましょう。

⑤ She pressed the bell.

At the Bus Stop [in Kensington] のLondonerの9つ目の発言に、Just press the bell. とあります。大衆的なイギリス英語の場合、bellの/l/が「ウ」に聞こえることがあります。ここでも、「ウ」に近い音となっている点に注意が必要です。

Taking a bus >> Day 8

2 CDの会話をもう一度聞きながら、目で確認しましょう。 CD1 23

Megumi : **M**   Londoner : **L**   Driver : **D**   Jenny : **J**   Harry : **H**

At the Bus Stop [In Kensington]

M: Excuse me, can I catch a bus to Hyde Park here?

L : Yeah, you can. You need a Number 9; ① that stops at Hyde Park.

M: Oh, I see.

M: Oh, it's a double-decker!

L : Yeah, a Routemaster.

M: What's that?

L : It's one of the older style double-deckers. ② It follows the Heritage Route.

M: So, I'll get a sort of a 'bus tour of London'?

L : That's right. Take a look at your map. See all the stops on it? That's your route.

M: Oh, thanks. That's very helpful. [Londoner and Megumi laugh]

M: (to the driver) Can I use my Oyster Card?

D : Of course. ③ Just press it flat against the scanner.

L : Why don't you join me up top? It'll give you the best view; there's a lot to see along the way.

M: OK, thanks!

L : There's the Royal Albert Hall....

L : ... and there's Knightsbridge Station. ④

M: It's impressive ... the next stop's mine, right?

L : Yeah, if you're getting off at Hyde Park. If you stay on for a bit longer, you'll see Pall Mall and Trafalgar Square.

M: How do I get off?

L : Just press the bell. ⑤ [Megumi rings a bell]

M: Bye ... or 'cheers!'

Arriving

M: Hi, guys!

J: So you got here okay.

H: No problems getting the bus, then?

M: No. I got a Routemaster, so it took me on a sort of tour of the city on the way here.

J: Cool.

語句解説・関連語句

Hyde Park[*1]　ハイドパーク
double-decker　ダブルデッカー（バス）
Heritage Route　歴史的観光名所を巡るルート
helpful 形　役に立つ
flat against　〜にぴったり接して
top 名　最上部、ここではダブルデッカーの2階

Royal Albert Hall[*2]
ロイヤル・アルバート・ホール
Knightsbridge[*3]　ナイツブリッジ
Pall Mall[*4]　パルマル、ペルメル
Trafalgar Square[*5]　トラファルガー広場

【注】
*1)　ロンドン中心部のウェストミンスター（Westminster）地区からケンジントン（Kensington）地区にわたる広大な面積の公園で、ロンドンに8つある王立公園の1つ。公園の北東には、スピーカーズ・コーナー（Speakers' Corner）といってだれでも自由に演説することができる有名な一角があります。
*2)　ヴィクトリア女王の夫君アルバート公に捧げられた屋内円形劇場で、毎年夏に8週間にわたって行われるクラシックコンサート「ザ・プロムス（BBCプロムナード（Promenade）コンサート）」が特に有名です。
*3)　シティ・オブ・ウェストミンスター（City of Westminster）地区にあり、ハロッズ（Harrods）や高級ブランド店などが立ち並ぶロンドンきっての高級地区。
*4)　ウェストミンスター地区にあり、トラファルガー広場からセントジェームス宮殿に至る街路のことで、高級社交クラブ街として知られています。発音に注意が必要です。
*5)　ウェストミンスター地区にある広場で、1805年のトラファルガーの海戦を記念して造られた広場で、ロンドン市民や観光客でいつもにぎわっています。

トラファルガー広場

Taking a bus >> Day 8

●バスに乗る際に覚えておくと便利な語

catch a bus　バスをつかまえる
ride a bus　バスに乗る
bell　ブザー
direction　行き先

out of service　回送車
night bus　深夜バス
coach[*6]　長距離バス

【注】
*6)　日本からロンドンに着いて、長距離バスに乗りたい場合には、ヒースロー空港内にある**ヒースロー・セントラル・バスステーション（Heathrow Central Bus Station）**、または**ヴィクトリア・コーチステーション（Victoria Coach Station）**に行くとよいでしょう。後者からは、バーミンガム（Birmingham）、バス（Bath）、オックスフォード（Oxford）、ケンブリッジ（Cambridge）、ブライトン（Briton）、カーディフ（Cardiff）などイギリス各地の主要地域へのバスサービスがあります。

Point Lesson
イギリス発音に慣れよう

park の /p/ は stops の /p/ とは音が違う？

　/p/ の音は日本語の「ぱ、ぴ、ぷ、ぺ、ぽ」の最初の音にも表れます。最初の音というのは、「ぱ」と言った時には、[pa] という2つの音、子音 /p/ と母音 /a/ から成り立っていますので、その最初の /p/ という意味です。
　一方、英語には、二種類の /p/ が存在します。park のように語頭や音節のはじめに来て後ろに母音を伴う場合の /p/ と、stops や stop のように語中や語末に来る /p/ があります。これらの2つの /p/ を、専門用語では /p/ の**異音**と言います。
　前者の場合、**気音（aspiration）**、つまり、/p/ という破裂音を発すると同時に、勢いのある空気の流れを伴う音（これを**有気音**とか**帯気音**と言います）になります。一方で、後者は、気音を伴わない音（これを**無気音**と言います）、または、ごく弱い気音になります。
　気音を確認するには、口の前にティッシュを当てる、または手を当てると、空気の流れを感じることができます。前者の場合には、ティッシュが大きく揺れますが、後者の場合にはティッシュは揺れません。
　このような気音の有無は、声帯の振動を伴わない無声破裂音 /p, t, k/ にみられる現象です。これがうまくできないと、英語母語話者には /p/ が /b/ に、/t/ が /d/ に、/k/ が /g/ に聞こえてしまいますので注意が必要です。

発音レッスン

下線部に気を付けながら、以下の発音をしてみましょう。
赤線は気音を伴う音を、黒線は気音を伴わない、またはごく弱い場合を示しています。（例文の訳はp. 115）

(気音を伴う場合)

1. pin
2. take
3. cool
4. passage
5. tell
6. kidney
7. pie
8. carrot

(気音を伴わない、またはごく弱い場合)

9. school
10. like
11. steak
12. eat
13. cake

14. My mother took me to school.
15. I like to eat steak and kidney pie.
16. Our favourite dessert is carrot cake.

Taking a bus >> Day 8

Relaxation Time 『バスを乗りこなす』

　ロンドンと言えば「ダブルデッカー（double decker）」と言われるほど、真っ赤な2階建てのバスは、ロンドンにおける交通手段の代名詞となっていますので、ロンドンを訪れる際にはぜひ利用してみたいものです。最近では、赤色のバスだけでなく、広告がボディのデザインとなり、カラフルなダブルデッカーも多くみられるようになりました。

カラフルなダブルデッカー

　観光客などにとっては、「バスは慣れないと乗りこなすのが難しい」と思われて敬遠されがちですが、下記で紹介するサイトから路線図を手に入れて、自分の行きたいところを探しましょう。バス停には看板の高い位置に番号が書いてありますので、その番号と行き先があっているかを確認して乗り込みます。

　最近では、バスも近代化されたので、私たち外国人でも利用しやすくなりました。たとえば、アナウンスはオートメーション化されているので行き先も理解しやすく、さらに車内に行き先を表示した電光掲示板があるので、迷うこともありません。以前のルートマスター（Routemaster）であった頃は、運転手ではなく、車掌（conductor）が行き先や停留所を口頭で案内していたのですが、コックニー（Cockney）といった訛りのある英語を話す人が多かったため、外国人にとってはその内容を理解しづらい面もありました。

バス停の看板

バスの内部

　また、バス料金の支払いも基本的には前払い式で、オイスターカードを使用すれば簡単に精算できるという点でも便利になりましたし、降車の際もバス内のブザーを利用すれば、「チン」という小気味のよい音が鳴りますので、降りることを容易に知らせることができるようになりました。

バスの路線図：http://www.tfl.gov.uk/tfl/gettingaround/maps/buses/
ロンドン中心部の路線図：http://www.tfl.gov.uk/gettingaround/maps/buses/pdf/central-london-bus-map.pdf

Day 9 Buckingham Palace
バッキンガム宮殿

Warm-Up

CDの音声を聞いて、(　　) に語句を書き込みましょう。

① You can tell by their (　　　　　) badges, buttons and plumes.

② Which one has the most (　　　　　)?

③ This is where they keep all the working horses and (　　　　　) for the royal processions, as well as the Queens cars.

確認しよう！ ● 正解と聞き取りのポイント ●

① collar　② attractions　③ carriages

【解説】

①collarは「襟」という意味で、イギリス英語では ['kɒlə] で [コラ] と発音します。アメリカ英語では、['kɑːlər] と発音しますので、イギリス英語のほうがつづり字に近い発音となります。ところで、しばしば「肉体労働に従事している人」のことをブルーカラーと、「事務系の仕事に従事している人」をホワイトカラーと呼ぶことがありますが、そのカラーとはこのcollarから来ています。

②日本人はしばしば複数形のsが聞き取りづらく、リスニングの書き取りの際にも省いてしまいがちです。書き取りの際に省いてしまった場合には、話す際にも落として発音してしまう傾向が強いので、注意が必要です。

③carriages「馬車」は学校現場ではめったに出てこない単語ですが、英語圏ではしばしば出てくるので覚えておきたい単語です。発音は ['kærɪdʒ] です。

Buckingham Palace >> Day 9

Muscle Training 会話の聞き取りに挑戦

3人はバッキンガム宮殿のある儀式を見るために宮殿前にきています。このあと、宮殿のツアーにも参加します。

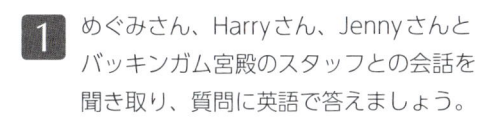

CD1 26

正面から見たバッキンガム宮殿

1 めぐみさん、Harryさん、Jennyさんとバッキンガム宮殿のスタッフとの会話を聞き取り、質問に英語で答えましょう。

① Are the soldiers standing in front of Buckingham Palace just ceremonial?

_____

② Can Megumi see the gardens of Buckingham Palace?

_____

③ How much is a ticket for the Royal Day Out per person?

_____

④ When were the artworks at the Queen's Gallery made?

_____

⑤ Can Megumi take pictures at the Queen's Gallery?

_____

☑ Check your answers!

【解答解説】（訳は巻末 p. 233）

① No, they are on active duty.

*At Palace*のHarryさんの1つ目の発言に、No, on active duty they're the Queen's Guards.とあります。したがって、「現役の兵士」ということになります。ここが完全文でないという点が、正確に理解できるかどうかがポイントです。

② No, she can't.

*At Buckingham Palace Ticket Entrance*のClerkの4つ目の発言で、Sorry, miss, they're not open to the general public.と言っていますので、見ることはできません。聞き取りのポイントは、notとopenに音の連結がみられるのですが、それが2つの単語の連結の結果であると認識できるか否かです。

③ It is forty-six pounds.

*At the Buckingham Palace Ticket Entrance*のClerkの5つ目の発言で、Forty-six pounds per ticket, so that will be 138 pounds total.と言っています。数字は聞き取りづらいので、注意しましょう。

④ In the Victorian era.

*Queen's Gallery*のJennyさんの2つ目の発言で、Megu, these are all from the Victorian era.と言っています。聞き取りのポイントは、VictorianのVic-がかなり弱く、「ヴク」と聞こえます。強勢の置かれない部分はかなり弱く読まれるので、注意が必要です。

⑤ No, she can't.

*Queen's Gallery*のGuardの1つ目の発言で、Sorry, no you can't.と言っています。イギリス英語では、can'tは[kɑːnt]と発音しますので、アメリカ英語の[kænt]とは異なります。

Buckingham Palace >> Day 9

2 CDの会話をもう一度聞きながら、目で確認しましょう。

Megumi : **M**　　Jenny : **J**　　Harry : **H**　　Clerk : **C**　　Guard : **G**

At Palace

J : Oh, we're just in time for the changing of the guard!

M: I've waited a long time to see this. I'm so excited. Are those real soldiers? I mean ... are their duties just ceremonial?

H : No, on active duty they're the Queen's Guards. ① They come from ... um ... different regiments, such as the Coldstream Guards, the Welsh Guards and the Scots Guards.

J : You can tell by their collar badges, buttons and plumes.

M: Oh, I'll take a photo of those Scots Guards' red plumes. They look fascinating!

At Buckingham Palace Ticket Entrance

C : How may I help you, miss?

M: I'd like three tickets, please.

C : For which tour?

M: Which one has the most attractions?

C : The most inclusive tour is the Royal Day Out, which includes the Royal Mews, the State Rooms, and the Queen's Gallery.

M: Can we also see the gardens?

C : Sorry, miss, they're not open to the general public. ②

M: OK, I think we'll take the Royal Day Out. How much will that be?

C : Forty-six pounds per ticket, ③ so that will be 138 pounds total.

M: Can I put it on my card?

C : Of course.

At Royal Mews

H : So, we'll go into the Quadrangle first through this archway.

J: Oh, look: it's the Royal Mews. This is where they keep all the working horses and carriages for the royal processions, as well as the Queens cars. [points] There's the riding school for the royal family and staff.

Queen's Gallery

M: Do these artworks cover the entire history of Britain?

H: Um ...

J: Harry! Don't you know your country's history?

[Girls giggle as Harry blushes]

J: Megu, these are all from the Victorian era. ④ That's what's special about them.

M: I see....

M: (to the guard) Can we take pictures in here?

G: Sorry, no you can't. ⑤ ...

M: Excuse me, where's the bathroom? ... Sorry, I meant the 'ladies'.

G: It's right over there, to your left.

In State Rooms

M: Oh, these look gorgeous. This is the throne room, right?

H: Right.

M: There are a lot of nice pictures in here.

J: But even more in the picture gallery.

M: So, let's go!

M: I feel like I've seen 10,000 paintings. And all of them were wonderful!

語句解説・関連語句

guard 〔名〕 衛兵
duty 〔名〕 職務、任務 （複数形 duties）
ceremonial 〔形〕 式典用の、儀礼用の
Queen's Guard[*1] （女王の）衛兵、近衛連隊

regiment 〔名〕 連隊
Coldstream Guards[*2]
コールドストリーム近衛連隊、近衛歩兵第2連隊

Welsh Guards[*3]
ウェールズ近衛連隊、近衛歩兵第5連隊

Scots Guards[*4]
スコット近衛連隊、近衛歩兵第3連隊

plume 名　羽根飾り

fascinating 形　ほれぼれする、魅力的な

inclusive 形　包括的な、すべてを含んだ

Royal Mews[*5]　王室厩舎

State Room　（宮殿の）公式諸間

Queen's Gallery
クイーンズ・ギャラリー、王室美術館

general public　一般人

Quadrangle 名　中庭

archway 名　アーチ道

carriages 名　馬車

procession 名　行進

riding school　乗馬学校

artwork 名　芸術作品

Victorian era[*6]　ヴィクトリア朝

bathroom 名　トイレ（主にアメリカ英語）[*7]

ladies 名　女性用トイレ

throne room　王座の間、謁見室

picture gallery　絵画の間、ピクチャー・ギャラリー

【注】
*1)　どの部隊に所属しているかは、上着のボタンの配列と羽根飾りを見るとわかりますので、注目してみましょう。近衛連隊のかぶっている帽子は、ベアスキン帽と言い、熊の毛皮でできています。
*2)　制服の上着には2個1組のボタンが4列（合計8個）並んでおり、帽子の右側に真紅の羽根飾りをつけています。
*3)　制服の上着には5個2組のボタンが2列（合計10個）並んでおり、帽子の左側に白と緑の羽根飾りをつけています。白と緑はウェールズの国旗の地の色です。
*4)　制服の上着には3個ずつ3組で合計9個のボタンがついており、帽子の羽根飾りがないのが特徴です。
*5)　ロンドンのバッキンガム宮殿近くにある、王室の厩舎（きゅうしゃ）です。時間帯によっては、馬が厩舎から出てくるところ、帰ってくるところを見ることができます。
*6)　ヴィクトリア女王が英国女王であったのは1837年から1901年までであったので、19世紀のことを言います。この時代はイギリスが産業革命で経済が円熟し、イギリス帝国の絶頂期でした。
*7)　イギリス英語では、トイレのことをtoiletやlavatoryなどとも言います。

赤い羽根飾りをつけたコールドストリーム連隊

●バッキンガム宮殿に行くときに覚えておくと便利な語句

Queen Victoria[*8]　ヴィクトリア女王
the Mall[*9]　ザ・マル
royal standard　王室旗
the Union flag[*10]　イギリス国旗
changing the guard[*11]　衛兵交代式

【注】
*8) ハノーバー朝の女王で、ヴィクトリア女王（1819-1901）の時に、バッキンガム宮殿が英国王室の公式な宮殿となりました。（→ p. 77 Relaxation Time）
*9) セント・ジェームズ（St. James）公園の北側から、バッキンガム宮殿に通じる街路のことです。発音が特殊ですので、注意が必要です。
*10) バッキンガム宮殿の屋上に王室旗がある場合には、女王はバッキンガム宮殿にいることを、イギリス国旗がある場合には不在であることを意味します。（→ p. 77 Relaxation Time）
*11) 衛兵交代式は、バッキンガム宮殿の見どころの一つです。基本的に、4月から7月までは毎日、それ以外の月は2日に1回11:30に行われます。ただし、日曜日は10時です。

イギリス発音に慣れよう
Point Lesson　語中の /t/ は明確に発音する？

アメリカ英語とイギリス英語を比べると、イギリス英語のほうが日本人にとっては、発音が簡単なこともあります。それは、語中の /t/ の発音です。

アメリカ英語では、water は [**ワラー**] のような発音に、soda が [**ソーラ**] のような発音になることは、よく知られています。つまり、アメリカ英語では、/t/ や /d/ が「ラ行の音」になるのです。このような音を「**たたき音(tap)**」と言い、その現象を「**たたき音化**」と言います。

これは、舌先で口の中の天井部をたたくように発音することから、このような名前で呼ばれます。このたたき音は、/t/ や /d/ の前後に母音が来た時に起こるのですが、attend のように、前の母音（attend の 'a'[ə]）が弱く、後ろの母音（attend の 'e'[e]）に強い強勢が来る場合などには起こらないことがあります。

しかし、イギリス英語では、語中の /t/ はそのまま発音します。ですから、water は [**ウォータ**] と素直に発音しましょう。

Buckingham Palace >> Day 9

発音レッスン 下線部に気を付けながら、/t/ の音を含む単語を発音してみましょう。
アメリカ→イギリス英語の順番です。（例文の訳は p. 115）

1. wa<u>t</u>er
2. hi<u>tt</u>er
3. ge<u>tt</u>ing
4. ho<u>tt</u>er
5. marke<u>t</u>ing
6. wai<u>t</u>ing
7. le<u>tt</u>er
8. (At restaurant) I was surprised that I had to pay for wa<u>t</u>er in England.
9. He is famous as a big hi<u>tt</u>er in Japan.
10. Summers in Japan are ge<u>tt</u>ing ho<u>tt</u>er and ho<u>tt</u>er.
11. My brother is studying marke<u>t</u>ing at universi<u>t</u>y.
12. I am wai<u>t</u>ing for a le<u>tt</u>er from my mother in Singapore.

Relaxation Time

『バッキンガム宮殿の歴史』

　バッキンガム宮殿と言えば、2011年4月29日に行われたウィリアム王子とキャサリン妃の結婚式後に、お二人がバルコニーに立たれた華麗な姿をテレビでご覧になった方も多いのではないでしょうか。

　バッキンガム（Buckingham）という名が示すように、この宮殿はもともとバッキンガム公爵が1703年に邸宅を立てたことが始まりとされていますが、その邸宅を1762年に、当時の国王ジョージ3世がシャーロット王妃と子供たちのために購入しました。その後、息子のジョージ4世が、著名な建築家であったジョン・ナッシュに命じて、贅の限りを尽くした建物に全面改築します。しかし、その完成をジョージ4世自身も、次王ウィリアム4世も見ることなく死去したため、この宮殿を居城とした初めての王は、ヴィクトリア女王（1819-1901）でした。それ以来、歴代の国王がこの宮殿に住んでいます。現イギリスの国家元首であるエリザベス2世も夏以外の平日のほとんどをこの宮殿で過ごしています。

英国国旗が掲げられたバッキンガム宮殿

　女王が宮殿にいる場合には王室旗が、不在である場合には英国旗が掲げられます（→p. 76）。筆者が訪れた際には、英国旗だったため、女王は不在であったことが写真からわかります。

Day 10 The British Museum
大英博物館

Warm-Up

CDの音声を聞いて、
(　　　) に語句を書き込みましょう。

CD1 28

① Are you (　　　　)?

② Some are free, but you have to pay an entrance fee for special (　　　　).

③ Looks like there are different kinds (　　　　), like a personal tour.

確認しよう！ ● 正解と聞き取りのポイント ●

① decent　② exhibitions　③ available

【解説】
①decentは第一音節に強勢が来るので、第二音節はかなり弱く読まれます。したがって、[ディーセント]ではなく、[ディースントゥ]のように聞こえます。強勢の置かれない音節が正確に聞き取れるか否かが聞き取りのポイントです。

②exhibitionsでは、日本語式の「エキシビション」ではなく、[eksɪˈbɪʃən]と発音しますので、「エクシビシュン」となります。

③availableは、[əˈveɪləbl]と発音しますが、-bleの部分が弱くあいまいに発音されています。したがって、「ブル」ではなく、「ボーゥ」に近い発音に聞こえます。

The British Museum >> Day 10

Muscle Training 会話の聞き取りに挑戦

3人は、大英博物館を訪れて、さまざまな展示物を鑑賞します。

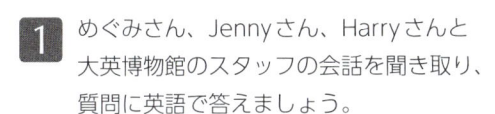

CD1 29

大英博物館

1 めぐみさん、Jennyさん、Harryさんと大英博物館のスタッフの会話を聞き取り、質問に英語で答えましょう。

① Where is Harry waiting for Megumi and Jenny?

_____

② Are the exhibits all free at the British Museum?

_____

③ Where will Megumi, Jenny and Harry start looking at the collections?

_____

④ How much is an interactive tour for students?

_____

⑤ Is the Rosetta Stone a permanent or temporary exhibit?

_____

✓ Check your answers!

【解答解説】（訳は巻末 p. 234）

① He is waiting in the lobby.

At the Hotel Room の Jenny さんの２つ目の発言に、Harry is waiting in the lobby. とありますので、ロビーで待っていることがわかります。

② No, they are not.

Arriving at Museum のめぐみさんの３つ目の発言に I thought the exhibits were all free. と言った後に、Official（職員）が Some are free, but you have to pay an entrance fee for special exhibitions. と述べていることから、すべてがただではないことがわかります。

③ They will start with the Rome and Greece collections.

Entering the Ground Floor の Harry さんは２つ目の発言で、What about starting with the Rome and Greece collections? と言っています。Ground floor は日本の「１階」にあたりますので「地下」という点に注意が必要です。

④ It is 4 pounds 50 for students.

Entering the Ground Floor の Harry さんは３つ目の発言で、Or we could take an interactive tour, with a multimedia guide, for only 5 pounds, or 4 pounds 50 for students. と言っています。50ペンスの割引があることを聞き取れるかがポイントです。

⑤ It's part of the permanent collection.

Entering the Ground Floor の Official（職員）の発言に、It's part of the permanent collection. とあります。permanent collection は「常設展示」のことを、temporary collection とは「一時展示」のことを言います。

The British Museum ≫ Day 10

2 CDの会話をもう一度聞きながら、目で確認しましょう。

Megumi : **M**　Jenny : **J**　Harry : **H**　Official : **O**

At the Hotel Room

M: Who is it?

J : It's me, Megu. Are you decent?

M: Yes, I'm just doing my hair.

J : Harry is waiting in the lobby. ①

M: Oh, right ... to go to the British Museum? Wait a minute; I'm almost ready.

Arriving at Museum

M: Where do we buy tickets?

J : Admission is free.

M: That's great.

M: Oh, it says admission is 10 pounds. I thought the exhibits were all free.

O : Some are free, but you have to pay an entrance fee for special exhibitions. ②

Entering the Ground Floor

H : So, what do you want to see first?

M: Wow, there's too much to see in one day.

H : What about starting with the Rome and Greece collections? ③

M: Where are they?

J : On the ground and upper floor.

[Later]

M: Oh look, this is where the museum tours leave from. Looks like there are different kinds available, like a personal tour.

H : Or we could take an interactive tour, with a multimedia guide, for only 5 pounds, or 4 pounds 50 for students. ④

J : What about taking the Lunchtime Gallery Tour? It's free.

H : Sounds good to me.

M: The *London in 20 Cities* exhibit also looks interesting.

H: We can do all of them ... and more. Let's go!

M: The Rosetta Stone is amazing.

H: It sure is.

M: (To the official) Excuse me, but is this a permanent or temporary exhibit?

O: It's part of the permanent collection. ⑤

M: Thank you.

In the Afternoon

H: Ready for a break?

M: Yes, I could do with something to drink.

H: How about the Court Cafe?

J: Mmm ... how about the Court Restaurant? It's very stylish ... and the prices are reasonable, too.

H: Yes, that would be perfect.

語句解説・関連語句

British Museum[*1]　大英博物館
admission 名　入場料
exhibit 名　展示（会）、展覧（会）
entrance fee　入場料
exhibition 名　展示（会）、展覧（会）
interactive 形
（システムが）対話形式の、会話型の
multimedia guide
マルチメディアガイド、複合媒体ガイド

Rome and Greece collections
ローマ・ギリシャ・コレクション
ground floor　一階
upper floor　上階
available 形　利用可能な
Rosetta Stone[*2]　ロゼッタストーン
permanent exhibit　常設展示
temporary exhibit　一時展示
stylish 形　流行の、粋な、スタイリッシュな

【注】
*1）　世界最大規模を誇るロンドンにある国立博物館です。ハンズ・スローン卿のコレクションをもとにして、1753年に設立され、1759年より開館しました。古代エジプト、古代西アジア、古代ギリシャ・ローマ、古代・中世イギリス、東洋などのセクションに分かれています。世界的価値のあるきわめて貴重な所蔵品が展示されています。

*2) 1799年にナポレオンがエジプトに遠征に行った際に、ナイル川の支流の河口域ロゼッタ近くで発見された石碑。上段にはヒエログリフ語（神聖文字）、中段にはデモティック（民衆文字）、下段にはギリシャ語が刻まれていることから、ヒエログリフの解読につながったことで有名な石碑です。

● 博物館に行く際に覚えておくと便利な語句

brochure [ˈbrəʊʃə]　パンフレット
audio guide　音声ガイド
three adult tickets　大人用チケット3枚
prohibited　禁止されている

restroom　トイレ
ladies' room　女性用トイレ
gentlemen's room　男性用トイレ

Point Lesson 簡単に疑問文を作る方法

イギリス発音に慣れよう

海外に行って、よく困るのが、何かを尋ねる際に疑問文を作る方法です。
　私たち日本人はついつい学校で習った文法通りに、正確な疑問文を作ろうとします。それはとても素晴らしい試みですが、文法を考えているうちに、言葉が出てこなかったり、相手が待ってくれなかったりするといったことがしばしばあります。それでは意図が伝わらず、もどかしい思いをします。しかし、簡単に疑問文を作る方法はあります。
　それは、平叙文でも、イントネーションを通常のように下げるのではなく、上げる、つまり、**上昇調で言う**のです。そうすると疑問文になります。たとえば、You are correct.↘となると、「あなたは正しいです」と断定しているのですが、You are correct?↗とcorrectの音節末をあげて言うと、「君は正しいかな？」「君が正しいだって？」といった疑問文になります。二つの文章を図を使って示しましょう。

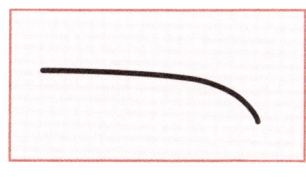

声が高い ↑ 声が低い

You are correct.　　　　　You are correct?

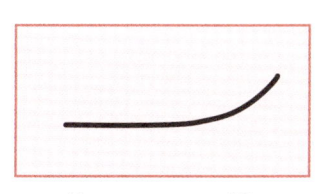

発音レッスン 矢印に気を付けて、イントネーションの練習をしてみましょう。（例文の訳はp. 115）🇬🇧

1. Right. ↘
2. Right? ↗
3. Here. ↘
4. Here? ↗
5. Yes. ↘
6. Yes? ↗
7. The British Museum. ↘
8. The British Museum? ↗
9. He is a lawyer. ↘
10. He is a lawyer? ↗
11. This is the Central Line. ↘
12. This is the Central Line? ↗

Relaxation Time ☕

『イギリスの博物館や美術館はタダ？』

　イギリスの偉大なる寛容さの一つは、国立の博物館や美術館は基本的に無料であるということです。この「無料であること」をイギリス人たちは非常に誇りに思っています。この伝統は、大英博物館が1759年に無料で国民に開放したことに端を発するようですが、1980年代に、国の財政負担が重過ぎるということで、一時期有料化されたこともあります。しかし、結局、「こうした施設の無料開放が、国民の福利厚生につながる」との考えから、現在では基本的に無料で開放されているのです。

　それでは、ロンドンにある博物館・美術館を例に挙げましょう。このUnitで紹介した大英博物館も、特別展示以外は無料です。このほかに、様々な国と時代の美術工芸品を集めた**ヴィクトリア・アルバート博物館**（Victoria and Albert Museum）、多種多様な動物や恐竜の標本、宝石の数々など珍しいものがみられる**自然史博物館**（Natural History Museum　右写真）、ベラスケス、ルノワール、ラファエロといった名だたる画家による名画が所狭しと飾られている**ナショナル・ギャラリー**（National Gallery）、イギリスを代表する劇作家のシェークスピア、イギリスの絶対王政の最盛期を築いたエリザベス1世などをはじめとする、英国史上有名な人物の肖像画を集めた**ナショナル・ポートレート・ギャラリー**（National Portrait Gallery）、近代美術に特化した**テート・ブリテン**（Tate Britain）など、観光客が多く訪れるロンドンの博物館や美術館の多くが、特別展などを除いて、無料なのは驚くべきことです。

自然史博物館

　ただし、美術館の出入り口に"donation"と書いてあるボックスがあり、常時、寄付金を募っています。日本では美術展などの入場料の相場が1,000〜2,000円台であることを考慮すると、世界有数のこうしたイギリスの博物館や美術館を無料で公開するためには、国家規模の努力が欠かせないわけです。したがって、こうした博物館や美術館を訪れた際には、できる限りの寄付をしたいものです。

Day 11 Afternoon Tea
アフタヌーンティー

Warm-Up

CDの音声を聞いて、（　　）に語句を書き込みましょう。

① And the patisseries section: this includes vanilla slices, éclairs, cream horns ... so patisseries must mean 'pastries and (　　　　)'.

② But wealthier people could (　　　　) a wider variety of foods.

③ It's not (　　　　) but it is polite so most people do leave a tip.

確認しよう！ ● 正解と聞き取りのポイント ●

① desserts　② afford　③ mandatory

【解説】

①dessertは [dɪˈzɜːt] と発音します。「砂漠」という意味のdesert [ˈdezət] と間違えないように注意しましょう。強勢（ストレス）の箇所が異なるだけではなく、母音が異なっている点に注目しましょう。

②affordなど、第一音節にあいまい母音 [ə] が来て、第二音節に強勢（ストレス）が来る2音節語は注意が必要です。なぜなら、第一音節の母音が弱いので、聞きとりづらいのです。

③mandatoryにはいくつかの発音がありますが、ここでは [ˈmændətri] と発音していますので、「マンダチュリ」に近い発音となっています。第三音節がかなり短く発音されているので、注意が必要です。

Afternoon Tea >> Day 11

Muscle Training 会話の聞き取りに挑戦

3人は大英博物館内のCourt Restaurantでアフタヌーンティーを食べます。

CD1 32

1 めぐみさん、Jennyさん、Harryさん、カフェの店員の会話を聞きとり、質問に英語で答えましょう。

クリームティー

① How much is a Cream Tea for one person?

_____

② Are éclairs savouries?

_____

③ Was afternoon tea only for rich people?

_____

④ What is the difference between afternoon tea and dinner?

_____

⑤ How much is appropriate for a tip?

_____

☑ Check your answers!

【解答解説】（訳は巻末 p. 235）

① It is 8 pounds 50.

At the Court Restaurant, in the British Museum の Staff の最初の発言に Or you can have our Cream Tea, which is 8 pounds 50. とあります。その前にめぐみさんが How much is Afternoon Tea? と尋ねたのに対して、Staff は It's 22 pounds 50. と言っています。つまりアフタヌーンティーとクリームティーでは値段が異なる点に要注意です。

② No, they are not. They are patisseries.

At the Court Restaurant, in the British Museum のめぐみさんの2つ目の質問に対して、Staff は Savoury is the opposite of sweet. So it can mean anything really: sandwiches, sausage rolls, soup, jacket potatoes … と答え、そのあと、めぐみさんが And the patisseries section: this includes vanilla slices, éclairs, cream horns … so patisseries must mean 'pastries and desserts'. と答えていますので、savoury は甘くないものを、patisserie はペイストリーとデザートを含むことがわかります。

③ No, it was not.

During Meal の最初のめぐみさんの質問に対して、Jenny さんが Actually, in the past, everyone took afternoon tea. But wealthier people could afford a wider variety of foods. と言っています。すなわち、アフタヌーンティーは庶民も食していましたが、食べ物の内容と種類が異なっていたと述べています。

④ Dinner is heavier. /Dinner includes a hot meal.

During Meal の Jenny さんの2つ目の発言では There's also dinner, which is heavier. と言っています。また、Harry さんの2つ目の発言では It usually includes a hot meal. と言っています。これらの発言から、アフタヌーンティーでは、サンドイッチやケーキなど冷たいものが中心ですが、ディナー（夕食）は温かい食べ物が出て、内容が重いという違いがわかります。

⑤ (Around) 15 percent (of the total bill).

After Meal のめぐみさんの3つ目の質問に対して、Jenny さんは 15 percent should be enough. と言っています。

Afternoon Tea >> Day 11

2 CDの会話をもう一度聞きながら、目で確認しましょう。

Megumi : **M** Staff : **S** Jenny : **J** Harry : **H**

At the Court Restaurant, in the British Museum

M: How much is Afternoon Tea?

S: It's 22 pounds 50. Or you can have our Cream Tea, which is 8 pounds 50. ①

M: I know what scones and pastries are ... but what does 'Savouries' mean?

S: Savoury is the opposite of sweet. So it can mean anything really: sandwiches, sausage rolls, soup, jacket potatoes ...

M: And the patisseries section: this includes vanilla slices, éclairs, cream horns...so patisseries must mean 'pastries and desserts'. ② And there's jelly ... um ... or 'jam' in Britain, right?

S: That's right.

M: OK, the three of us will share two Afternoon Tea sets.

S: What tea would you like: English Breakfast, Earl Grey, Ginger and Lemon, Elderflower and Lemon, Forest Fruits ...?

M: (to others) Would it be okay to have Earl Grey?

J & H: Sure.

During Meal

M: What a beautiful setting. I really like the way they've arranged all the dishes. In the past, was afternoon tea only for rich people?

H: Umm ...

J: Actually, in the past, everyone took afternoon tea. But wealthier people could afford a wider variety of foods. ③

M: I see ...

J: There's also dinner, which is heavier. ④

M: Heavier?

H: It usually includes a hot meal. ④ Afternoon tea or high tea is lighter ... sandwiches, cakes and so on.

M: That's interesting.

H: Less talk, more eating! [Laugh]

After Meal

M: Do we need to leave a tip?

H: It's not mandatory but it is polite so most people do leave a tip.

M: OK. Everyone divides the bill in Britain, right?

J: [Grabbing the bill] Sometimes, but today's my treat, Megu.

M: Are you sure? OK. I'll leave a tip, then. How much should it be?

J: 15 percent should be enough. ⑤

M: OK, here. This has been an amazing day. I'm sorry to see it end.

H: Hey, we've still got half the day left! [Laugh]

語句解説・関連語句

Afternoon Tea*1　アフタヌーンティー
Cream Tea*2　クリームティー
sausage roll*3　ソーセージロール
jacket potato*4　ジャケットポテト
((イギリス英語))
vanilla slice*5　バニラスライス
cream horn*6　クリームホーン
Earl Grey*7　アールグレイ
Elderflower*8　エルダーフラワー

setting 名　（テーブルの）セッティング
arrange 動
〜をアレンジする、配列する、配置する
tray 名　トレー、盆
afford 動
（〜をする）金銭的な能力 [余裕] がある
hot meal　温かい食事
divide the bill　割り勘にする
treat 名　おごり

【注】
*1)　紅茶にスコーン、ジャム、クロテッドクリーム、ケーキ、フィンガーサイズのサンドイッチなどがついたもの。
*2)　紅茶とスコーン、ジャム、クロテッドクリームがついたもの。
*3)　ソーセージの周りをパン生地、またはパイ生地で包んだもの。
*4)　ベイクトポテト（baked potato）ともいい、通常、皮付きのジャガイモを焼き、その上部を十字に切って、バターを載せたり、ベイクトビーンズ（baked beans, いんげん豆のトマトソース煮）やチーズ、ツナマヨネーズなどを載せたりしたもの。
*5)　パイの中にバニラビーンズが入ったカスタードクリームを詰めたデザート。
*6)　筒状のパイ生地の中にクリームを詰めたデザート。

*7) ベルガモットで柑橘系の香りを付けた紅茶。1830年代に英国首相であったチャールズ・グレイ伯爵 (1764-1845) に由来します (グレイ伯爵で Earl Grey)。
*8) 和名は「西洋ニワトコ」で、森や荒れ地に育ちます。ハーブティーやサプリメント、ゼリー、ジュースとしてしばしば用いられるハーブです。

●アフタヌーンティーを注文する際に覚えておくと便利な語句

black tea[*9] ストレートティー

Assam アッサムティー

Darjeeling[*10] ダージリンティー

Ceylon セイロンティー

cucumber sandwich
キュウリのサンドイッチ

tuna sandwich ツナのサンドイッチ

salmon and cream cheese sandwich
サーモンとクリームチーズのサンドイッチ

ham and cheese sandwich
ハムとチーズのサンドイッチ

【注】
*9) ストレートティーは和製英語ですので、通じません。
*10) 強勢(ストレス)の位置に注意。-jee- に強勢が来ます。

ジャケットポテト

Point Lesson: vanillaは「バニラ」じゃない?

vanillaは、イギリス英語では [vəˈnɪlə] と発音しますので、[ヴ**ニ**ラ] に近い発音となります。一方、アメリカ英語では [vəˈnelə] ですので、こちらは [ヴ**ネ**ラ] に近い発音です。いずれの発音でも、日本式の「バニラ」ではないことになります。

ここでポイントとなるのは、強勢の置かれない場所での母音です。どういうことかと言いますと、英語の母音は、環境によって母音の音質が変わることがあるのです。しかし、日本語には「あ、い、う、え、お」の5母音しかなく、この5母音の音質は、環境によって変わることはほとんどありません。

もう少し具体的に言うと、強勢(ストレス)がくるところには、**強母音**というはっきりとした母音が使われ、強勢(ストレス)のこないところには、**弱母音**というあいまいな母音が使われるということです。

たとえば、vanilla (イギリス英語 [vəˈnɪlə]、アメリカ英語 [vəˈnelə]) は第2音節の i に強勢が来ます。ストレスは i に来ていますので、それ以外の母音を見ると、あいまい母音 [ə]

が来ています。このあいまい母音は弱母音の代表的な母音です。この音の発音の仕方はDay 2の**Point Lesson**で確認してみましょう。

　しかしながら、日本語には、このあいまい母音がありません。「母（国）語にない」ということは、私たちはこの音に慣れていないので、聞き取りが難しくなります。この発音を攻略するためには、発音練習をして、この音の感覚をつかむことが得策です。

発音レッスン　下線部のあいまい母音[ə]に気を付けながら、以下の発音を練習しましょう。
（例文の訳はp. 115）

1. about
2. motor
3. possess
4. novel
5. My pet is about fifteen years old.
6. My father loves motor cars.
7. Mr. Johnson possesses a lot of buildings in Paris.
8. Jennifer writes a lot of novels.

エルダーフラワーのゼリー

Relaxation Time 『アフタヌーンティー』

　アフタヌーンティー（afternoon tea）とは、もともと19世紀初めに、イギリスの第7代ベッドフォード公爵夫人アンナ・マリアが始めた習慣と言われ、それが上流階級を中心に広まったお茶会形式のものを言います。したがって、アフタヌーンティーには、単にお茶とお菓子を楽しむだけでなく、上流階級がお茶を飲みながら社交するといった目的も兼ねられていたのです。

　そもそもこの習慣の始まりは、午後の空腹を満たす意味合いもあったようで、16時くらいにお茶とお菓子を食するようになったのです。というのも、当時は、一日に朝と晩（20時以降）にのみ食事をとるという食習慣が一般的でした。これでは、午後にお腹が空いてしまいます。なぜこのように夕飯の時間が遅かったのかというと、当時の上流階級では、夜に観劇に出かけたり、パーティーに出かけたりすることが多かったからです。

　アフタヌーンティーよりも少し遅い時間に食べられるものを"ハイティー（high tea）"と言いますが、これはもともと労働者階級の夕飯にあたるものでした。彼らは、紅茶1杯にパン、野菜、チーズといったメニューを食していました。しかし、現在では、ハイティーはアフタヌーンティーよりも遅い時間に食するものという拡大定義が一般的となり、場合によっては、肉、パイ、シャンパンなどずっしりと重い内容の食事が提供されることもあります。また、最近では、アフタヌーンティーとハイティーを区別しないところも多いようです。

フォートナム＆メイソンでのアフタヌーンティー

　ロンドンで有名なアフタヌーンティーを提供してくれるのは、**ハロッズ**（Harrods）といった有名デパートのティーサロンや、**フォートナム＆メイソン**（Fortnum & Mason）といった高級食料品店内、**リッツ**（the Ritz）や**サボイ**（the Savoy）といった高級ホテル内などです。値は張りますが、優雅な時間を提供してくれるのは間違いないので、ドレスアップをして一度は訪れたい場所です。提供されるのは、通常、フィンガーサイズのサンドイッチ、脂肪分が高くこってりとしたクロテッドクリーム（写真の右上）とジャムをつけて食べるスコーン、ケーキ類が並びます。筆者が訪れた際は、フルーツタルト、エクレア、ムース、チョコレートケーキ、スポンジを使ったケーキが提供されました。

フォートナム＆メイソンで提供されたケーキの数々

Day 12 Camden Market
カムデン・マーケット

Warm-Up

CDの音声を聞いて、（　　）に語句を書き込みましょう。

① It's got a lot of market stalls and shops selling really (　　　　) stuff.

② Or to be more exact, you've got to be able to (　　　　).

③ Let's show Megu one of the (　　　　) secrets in London.

確認しよう！ ● 正解と聞き取りのポイント ●

① **artsy**　② **haggle**　③ **best-kept**

【解説】
①artsyは [ˈɑːtsi] と発音します。「芸術」という意味のartに、「〜ぽい」「〜に見せかける」といった意味の接尾辞-yがついた単語です。ここでは「芸術品っぽい」「芸術品まがい」のといった意味の単語です。-yで終わる単語は、会話でしばしば使われることがあるので、注意しましょう。

②発音は [ˈhæɡl] となり、-ggleが「グゥ」に聞こえます。-leの部分は日本語の「ル」とは聞こえないので、注意が必要です。

③best-keptの /t/ は飲み込むように発音していることから、聞き取りづらい部分ですので、聞き取れない場合には、音声を繰り返し何度か聞いてみるとよいでしょう。

Camden Market >> Day 12

Muscle Training 会話の聞き取りに挑戦

3人はカムデン・ロックという若者に人気の街に来ました。マーケットで買い物を楽しみます。

CD1 35

1 3人と露天商、水上バスの係員との会話を聞き取り、質問に英語で答えましょう。

① What is the meaning of the word 'haggle'?

_____

② How much did Megumi pay for the silver necklace?

_____

運河と水上バス

③ Where does the waterbus go from Camden Lock Bridge?

_____

④ How much is a return ticket for the waterbus?

_____

⑤ Who paid the fare for the waterbus?

_____

☑ Check your answers!

【解答解説】(訳は巻末 p. 236)

① It means 'bargain' or 'negotiate'.

*Among stalls*のところで、Harryさんの1つ目の発言でOr to be more exact, you've got to be able to haggle.と言い、その後、めぐみさんが Oh, you mean 'bargain'?と言っています。それから、Jennyさんも That's right, you have to negotiate.と言っていますので、bargainかnegotiateが聞き取れるとよいでしょう。

② She paid 10 pounds.

*Among Stalls*のところで、最初にお店の人(Mer)が、That's 12 pounds 50.と言い、その後、交渉を重ね、めぐみさんがHow about 10 pounds?と提案します。そうすると、お店の人(Mer)が、Okay, just this once ... Done.ということで、結局10ポンドになったことがわかります。お店の人の発言(Mer)が地元民のようなので、標準的な発音よりも、聞き取りづらいかもしれません。

③ To Little Venice.

*At Camden Lock Bridge*でJennyさんの1つ目の発言でYou can take it as far as Little Venice.と言っていますので、終点がLittle Veniceであることがわかります。as far asのasがかなり弱く読まれていますので、注意が必要です。

④ It is 10 pounds 30.

*At Camden Lock Bridge*で水上バスのスタッフ(WS)が、めぐみさんの質問に対して、One-way is 7 pounds 20 and a return is 10 pounds 30.と言っています。one-way(片道)とreturn(往復)の値段を間違えないようにしましょう。

⑤ Megumi paid all the fares.

*At Camden Lock Bridge*の最後のめぐみさんの発言で、No, it's my treat, guys.と言っていますので、めぐみさんがすべての代金を払うことがわかります。treatの最後の/t/が明確には発音されていないので、聞き取りの際に注意が必要です。

Camden Market >> Day 12

2 CDの会話をもう一度聞きながら、目で確認しましょう。 (CD1 35)

Megumi : **M**　Jenny : **J**　Harry : **H**　Merchant : **Mer**　Waterbusstaff : **WS**
Automated announcement : **AA**

Exiting Tube Stop at Camden Market

J : You're going to like Camden Market. It's a unique part of London.

M : Really? What's special about it?

H : It's got a lot of market stalls and shops selling really artsy stuff.

M : Oh, I can't wait to see it.

Among Stalls

M : I don't see any price tags on anything.

J : You'll have to ask the man or woman on the stall about that.

M : Hmm ...

H : Or to be more exact, you've got to be able to haggle.

M : Oh, you mean 'bargain'?

J : That's right, you have to negotiate. ①

M : OK, I'm going to try it!

　　　[Looking over items] Excuse me, I'm looking for souvenirs. How much is this silver necklace?

Mer : That's 12 pounds 50. ②

M : That's a bit much.

Mer : It's a good price.

M : 9 pounds ...

Mer : No ... I can't go any lower than 11 pounds.

M : That's still too high. How about 10 pounds? ②

Mer : Okay, just this once ... Done. ②

H : Congratulations, Megu. You did your first Japan-UK trade deal! [All laugh]

At Camden Lock Bridge

M : Oh, Camden Lock bridge ...this is such a nice view. Is this lock still ... in use?

H : Yes, it's still operational. See that boat?

M : Oh, is that a ferry?

J : In a way, yes. That's the waterbus. <u>You can take it as far as Little Venice.</u> ③

M : Little Venice? I've never heard of that.

H : Why don't we get on? <mark>Let's show Megu one of the best-kept secrets in London.</mark>

M : I'd love to go! Is there a ticket office?

J : No, we just pay on board.

M : OK. [Nearing waterbus]

　　　[to onboard waterbus staff] How much is it to Little Venice?

WS : <u>One-way is 7 pounds 20 and a return is 10 pounds 30.</u> ④

M 　: Do you do any discounts?

WS : Only for children or over 65s, I'm afraid.

M 　: OK, three returns to Little Venice, please.

WS : That'll be 30 pounds 90.

[Megumi pays]

WS : Thank you.

J 　: Here's my share of the fare, Megu.

H 　: Mine, too.

M 　: <u>No, it's my treat, guys.</u> ⑤ This looks like it'll be a wonderful trip.

AA : *Hello, and welcome on board ... please observe the exits at the front and rear of the boat.... The fire extinguishers are by the rear exits. Please keep hands and inside the boat ... at all times. In an emergency, please follow the directions of the crew ...*

Camden Market >> Day 12

📖 語句解説・関連語句

market stall 露店	**one-way** 名 片道((イギリス英語))
price tag 値札	**return** 名 往復((イギリス英語))
negotiate 動 交渉する	**share of the fare** 自分の支払い分
souvenir 名 土産	**observe** 動 ～をよく見る
trade deal 貿易取引	**exit** 名 出口
Camden Lock Bridge[*1]	**rear** 名 後ろ 形 後ろの
カムデン・ロック橋	**fire extinguisher** 消火器
lock 名 水門	**emergency** 名 緊急時
operational 形 使用可能な、操作可能な	**direction** 名 指示
best-kept secret 穴場	**crew** 名 乗組員
on board 船の上で	

【注】
*1) カムデン・ロックは、若者に人気の高いマーケットで、数多くの店が通りを埋め尽くしています。小物、本、衣類、食料品などさまざまなものが売られています。その近くにあるのが、カムデン・ロック橋です。

●値引き交渉をする際に覚えておくと便利な語句

offer a discount 値引きをする	**cash** 現金
by any chance もしかして～	**two for three** 3つで2つの値段
final price 最終の値段	

Point Lesson イギリス発音に慣れよう

officeはアメリカ英語とイギリス英語では発音が異なる？

officeはアメリカ英語では[ˈɑːfəs]または[ˈɔːfəs]ですが、イギリス英語では[ˈɒfɪs]となります。例にあるように、つづり字で 'o' がアメリカ英語では[ɑː]または[ɔː]ですが、イギリス英語では[ɒ]となるのです。ただしここで注意したいのが、すべての 'o' がこの発音になるわけではないことです。

アメリカ英語の[ɑː]は口を大きく開けて、口の奥の方で発音します。次に、[ː]で示されているように、少し長めに発音するのがポイントです。一方で、イギリス英語の[ɒ]は日本語の「お」に近く、唇が丸まります。[ɒ]の発音記号は、英語学習者にはあまりなじみがないかもしれません。英和辞典の中には、[ɒ]の代わりに[ɔ]を使っているものもあります。

この点において、アメリカ英語とイギリス英語では、発音が違うということを意識してみましょう。

発音レッスン 下線部に気を付けながら、以下の発音をアメリカ英語→イギリス英語の順にレッスンしてみましょう。（例文の訳はp. 115）

1. hot
2. chocolate
3. office
4. stop
5. top
6. option
7. I love to drink hot chocolate.
8. Our main office is in Geneva.
9. Next stop will be Waterloo.
10. The top of the mountain is covered with snow.
11. Do I have any option?

Relaxation Time 『庶民の味方はフィッシュ＆チップス』

　マーケットでの買い物に疲れたら、パブでランチを取ることをおすすめします。
　パブランチの代表と言えば、「フィッシュ＆チップス（fish & chips）」です。p. 58でも言及しましたが、鱈（cod）やコダラ（haddock）などの白身魚が使われます。それに小麦、卵、水を加えた衣をつけて揚げたものがフィッシュなのですが、店によっては、その衣にビールを加えたり、スパイスを加えたりするなど独自のレシピを持っています。一方、チップスとは、イギリス英語で、フライドポテトのことです。ちなみにポテトチップスのことは、イギリス英語でcrispsと言いますので、間違えないようにしましょう。
　ところで、観光客が口にするフィッシュ＆チップスの多くは、グリンピースをつぶしたマッシーピー（mashy pea）やタルタルソースが添えられたやや高級なものです。庶民的なものは、文字通り、フィッシュとチップスだけで、それに塩とモルトビネガー（麦芽酢）をかけて食べます。手軽なレストランやパブでは、テーブルの上にモルトビネガーが常備されているところも多くみられます。

庶民的なフィッシュ＆チップス

Day 13 A Football Match
サッカーの試合

Warm-Up

CDの音声を聞いて、（　　）に語句を書き込みましょう。

① You'll have a pretty good view of the (　　　　　).

② I'd get it myself, but the score's 1-(　　　　　) and I'd hate to …

③ Two bags of (　　　　　) and two pints of beer, please.

確認しよう！　● 正解と聞き取りのポイント ●

① pitch　② nil　③ crisps

【解説】
①pitchのように [tʃ] のような無声音（声帯の振動を伴わない音　e.g. [s], [f]）が、語末に来た際には、明確に発音されるわけではないので、聞き取りの際には注意が必要です。日本語式の「ピッチ」のようには聞こえません。

②nilは「（スポーツ試合などで）ゼロ点」という意味で、イギリス英語で主に使われる表現です。聞き取りの際には、nilが「ニゥ」に近い発音となります。

③crispsはイギリス英語で「ポテトチップス」という意味です。一方、chipsはイギリス英語で「フライドポテト」という意味になります。聞きなれない言葉が聞こえると、理解をする際に戸惑うことがあるので、注意しましょう。

A Football Match >> Day 13

Muscle Training 会話の聞き取りに挑戦

Harryさんとめぐみさんはプレミアリーグのサッカー観戦に出かけます。

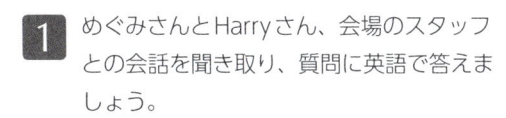

CD1 38

サッカー場の観客席

1 めぐみさんとHarryさん、会場のスタッフとの会話を聞き取り、質問に英語で答えましょう。

① Where did Megumi and Harry go to see the football match?

___

② How many tickets did Megumi buy and how much were they?

___

③ What kind of songs were Aston Villa supporters singing?

___

④ How much were two bags of crisps and two pints of beer?

___

⑤ Which team was winning when Megumi asked?

___

☑ Check your answers!

【解答解説】（訳は巻末 p. 238）

① They went to Birmingham.

Walking to Stadium のHarryさんの2つ目の発言で、That's why we came up to Birmingham. と言っています。Birminghamはつづり字から予測される「バーミングハム」ではなく、「**バーミンガム**」と発音しますので、注意が必要です。地名の聞き取りは難しいので、注意したいところです。

② They bought two tickets and they were 90 prouds.

At Ticket Window のめぐみさんの2つ目の発言で、OK, I'll take two of those. と言っています。これらはHarryさんとめぐみさんの分です。その後、スタッフ（C1）がThat will be 90 pounds then, please. と言っています。

③ They were singing football club chants.

During Match のめぐみさんの最初の質問 What are they singing? に対して、Harryさんは Football club chants. と答えています。chantsとは「単調な旋律を繰り返す歌」のことを言います。

④ They were 10 pounds 20.

At Food Stand でめぐみさんが Two bags of crisps and two pints of beer, please. と言ったのに対して、売店の店員（C2）が、That'll be 10 pounds 20. と言っています。poundsを省略して、ten-twenty と言う場合もあります。

⑤ Aston Villa was winning the game at that time.

At Food Stand でめぐみさんが3つ目の質問 How's the match going? と言ったのに対して、Harryさんは Badly. Aston Villa is still winning 1- nil. と言っていますので、Aston Villa が勝っていることがわかります。

A Football Match　Day 13

2　CDの会話をもう一度聞きながら、目で確認しましょう。

Megumi : **M**　Clerk1 (Ticket) : **C1**　Clerk 2 (Foodstand) : **C2**　Harry: **H**

Walking to Stadium

M: I'm so happy to finally get tickets to a soccer ... I mean football match.

H : We're going to really enjoy it.

M: I thought it was really hard to get tickets for Premier League matches.

H : That's why we came up to Birmingham. ① Aston Villa is what we call a mid-table team. Tickets aren't usually sold out. Next year I'll get a season ticket, so we'll be able to see Arsenal when they play at home, at the Emirates Stadium.

M: Villa Park is good enough for me; the stadium looks nice. Besides, it's a chance for me to visit Birmingham.

At Villa Park

H : This time, it's on me. I insist.

M: OK, but at least give me the money and let me pay. I want to practice my English.

H : OK, take this then. [handing her the money]

At Ticket Window

C1 : How can I help you?

M : I'd like two tickets, please. Are there any good seats left?

C1 : There are still seats in Trinity Road Stand, Section A5, for only 45 pounds. You'll have a pretty good view of the pitch.

M : OK, I'll take two of those. ②

C1 : That will be 90 pounds then, please. ②

During Match

Supporters: La la la la la la la la la la... hey hey hey!

M: What are they singing?

H : <u>Football club chants.</u> ③

M : Aren't you going to join in?

H : No, the Aston Villa supporters are singing that one but … I'm an Arsenal fan.

M : Oh, I see … anyway, it's very exciting.

M : Aren't you hungry or thirsty?

H : A cold beer would be nice. I'd get it myself, but the score's 1-nil and I'd hate to …

M : That's okay. I'll get it … and pay, since you got the tickets.

At Food Stand

C2 : Can I help you?

M : Two bags of crisps and two pints of beer, please.

C2 : <u>That'll be 10 pounds 20.</u> ④

M : Here you are. [Meg returns to the stand.]

M : How's the match going?

H : <u>Badly. Aston Villa is still winning 1- nil.</u> ⑤

M : Oh, that's too bad. Have some crisps; you'll feel better.

H : Thanks.

語句解説・関連語句

Premier League[*1]　プレミアリーグ
mid-table team　中位ランクチーム
season ticket　定期入場券
Emirates Stadium[*2]　エミレーツ・スタジアム
insist [動]　強く主張する
at least　少なくとも
practice [動]　練習する

Trinity Road Stand
トリニティ通り側の観客席
pitch [名]　サッカー競技場（（イギリス英語））
chant [名]　単調な旋律を繰り返す歌
thirsty [形]　のどが渇いている
match [名]　試合
crisps [名]　ポテトチップス

【注】
*1) イングランドのサッカーリーグにおける一部リーグのこと。
*2) 2006年に開業したアーセナルFCのホームスタジアム。アラブ首長国連邦のエミレーツ航空が命名権（ネイミング・ライツ）を買い取って、エミレーツ・スタジアムという名前になっています。

A Football Match >> Day 13

●サッカーの試合を見る際に覚えておくと便利な語句

be in the queue 列に並ぶ
the end of the queue 列の最後
reserved seat 指定席
tickets for today's match 当日券

Point Lesson（イギリス発音に慣れよう）

pitchの 'tch' は日本語と違う？

　pitchの発音は日本語式の「ピッチ」ではありません。発音記号で示すと、[pɪtʃ]となります。

　この[tʃ]という発音は、日本語にも「近い」音はあります。それは「ちゅ」です。しかし、日本語式の発音の「ピッチ」に現れる「チ」ではありません。

　日本語の「チ」は口を横に引っ張った状態、つまり「い」の口の形のまま、「チ」と発音しています。一方で、「ちゅ」といった際には、少し唇を丸めます。しかし、英語の[tʃ]は日本語の「ちゅ」よりもさらに唇を丸めて発音します。

　この唇の丸め（円唇）に気を付けると、英語らしい発音となります。

発音レッスン 下線部に気を付けながら、以下の発音をレッスンしてみましょう。（例文の訳はp. 115）

1. tou<u>ch</u>
2. <u>ch</u>ur<u>ch</u>
3. tor<u>ch</u>
4. <u>ch</u>eese
5. mu<u>ch</u>
6. pi<u>tch</u>er
7. What he said tou<u>ch</u>ed a nerve.
8. Jessie's family goes to <u>ch</u>ur<u>ch</u> every Sunday.
9. He passed the Olympic tor<u>ch</u> to the next person.
10. I love four-<u>ch</u>eese pizzas very mu<u>ch</u>.
11. My father was a pi<u>tch</u>er for the Giants.

Day 14 Going to a Pub
パブへ

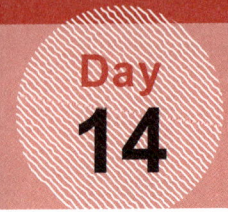

学習日

Warm-Up
CDの音声を聞いて、（　）に語句を書き込みましょう。

① Anyway, are you ready for a (　　　　) to eat?

② Now that's a traditional (　　　　) (　　　　).

③ I'll have the same ... no, on second (　　　　), I'll have bangers and mash.

確認しよう！　● 正解と聞き取りのポイント ●

① bite　② Sunday lunch　③ thoughts

【解説】

①biteの後ろにtoがありますが、biteの /t/ とtoの /t/ をそれぞれ別個に発音していません。どういうことかと言いますと、語境界を挟んで、前と後ろに同じ音が来た場合には、英語では、それらを2回発音することはありません。ここでは、biteの /t/ が日本語の「ッ」のような音で置き換えられているので、「バイッtゥ」と発音されています。

②lunchのch[tʃ]のように語末に来る無声子音（声帯の振動を伴わない子音）は聞き取りづらい場合があるので、注意が必要です。

③thoughtsは [θɔːts] と発音しますが、母音の前に無声子音 [θ] があり、母音のあとには無声子音の [t] と [s] が来ています。これらの無声子音は、有声音（声帯の振動を伴う音　e.g. 母音や [d]）と比べると弱く発音されるので、時として聞き取りづらいことがあります。

Going to a Pub >> Day 14

Muscle Training 会話の聞き取りに挑戦

サッカー観戦のあと、めぐみさんと Harry さんはパブで食事をします。

CD1 41

1 めぐみさん、Harry さん、パブのウェイトレスとの会話を聞き取り、英語で答えましょう。

① Did Arsenal win the game?

_____

伝統的なパブでビールを注文

② Did Megumi and Harry order food at table?

_____

③ What did Megumi order for lunch?

_____

④ What did Harry order for drink?

_____

⑤ What is a real Sunday out?

_____

☑ Check your answers!

【解答解説】（訳は巻末 p. 239）

① No, they didn't.

In a Pub in Birmingham, near Villa Park におけるめぐみさんの最初の発言でArsenal will win next time, I'm sure. と言っています。また、その後のHarryさんの発言ではI sure hope so. と言っていますので、アーセナルは負けたことがわかります。

② No, they didn't.

Seated at the Table のめぐみさんの最初の質問 Do they do hot food in here as well as drinks? に対して、HarryさんはYes, but it's not table service; we have to order at the bar. と言っていますので、カウンターで注文はできますが、テーブルでは注文できないと言っています。

③ She ordered roast beef and Yorkshire pudding.

Seated at the Table のめぐみさんの5つ目の発言で、Yes, I'll have roast beef and Yorkshire pudding, please. と言っていますので、ローストビーフとヨークシャ・プディングを注文しています。

④ He ordered two pints of Guinness.

Seated at the Table のHarryさんの5つ目の発言にAnd two pints of Guinness, thanks. とあります。ちなみに1pintはイギリスでは0.57リットルです。

⑤ It is a football match and then a pub lunch.

Seated at the Table の最後のHarryさんの発言で、Now, this is what I call a real Sunday out: a football match and then a pub lunch. と言っていますので、サンデーアウトとは、サッカーの試合を見た後に、パブでランチを食べることだということがわかります。

Going to a Pub >> Day 14

2 CDの会話をもう一度聞きながら、目で確認しましょう。

Megumi : **M**   Harry : **H**   Waitress : **W**

In a Pub in Birmingham, near Villa Park

M: That was a great game. Arsenal will win next time, I'm sure.

H: I sure hope so. ① Anyway, are you ready for a bite to eat?

M: I sure am.

Seated at the Table

M: Do they do hot food in here as well as drinks?

H: Yes, but it's not table service; we have to order at the bar. ②

M: OK, fine. Let's go.

W: What'll you have?

M: (to Harry) Aren't you going to order for us?

H: You said you wanted practice ...

M: You're right. Sorry. I just need a couple more minutes.

W: Ready?

M: Yes, I'll have roast beef and Yorkshire pudding, please. ③

H: Now that's a traditional Sunday lunch.

M: Really?

H: Sure. You'll love it.

W: And you sir?

H: I'll have the same ... no, on second thoughts, I'll have bangers and mash. And two pints of Guinness, thanks. ④

[Meal comes]

W: Here you are.

H: Now, this is what I call a real Sunday out: a football match and then a pub lunch. ⑤

📖 語句解説・関連語句

hot food　温かい食事

table service
テーブル・サービス（テーブルまで注文を取りに来て、食事などを運んでくれること）

Yorkshire pudding[1]
ヨークシャ・プディング

Sunday lunch[2]　サンデーランチ

bangers and mash[3]
バンガーズ・アンド・マッシュ

Guinness[4]　ギネス・ビール

【注】
[1]　ヨークシャ・プディングとは、ローストビーフの付け合せで、小麦粉、牛乳、塩、卵などを混ぜてオーブンで焼いたものです。パイのような、シュークリームの皮のようなものです。(→p. 193 Relaxation Time)
[2]　サンデーランチは、サンデーロースト（Sunday Roast）などとも呼ばれ、日曜日の昼食に食すイギリスの伝統的な食事で、ローストした肉、ヨークシャ・プディング、ゆでた野菜、グレービーソース、マッシュポテトなどからなります。
[3]　バンガーズはソーセージ、マッシュとはマッシュポテトを指します。イギリスの伝統的な食事の1つです。
[4]　18世紀の半ばにアイルランドのダブリンで生まれた黒ビールのことです。

●パブで料理を注文するときに覚えておくと便利な語句

Haggis[5]　ハギス

Cottage Pie[6]　コテージ・パイ

Shepherd's Pie[7]　シェパーズ・パイ

Irish Stew[8]　アイリッシュ・シチュー

Cornish Pie[9]　コーニッシュ・パイ

【注】
[5]　スコットランド料理の代名詞。羊の胃袋に内臓、オートミール、野菜、ハーブなどを詰めて、ソーセージ状にしてゆでるか蒸すかした食べ物。
[6]　牛ひき肉をソースで和え、その上にマッシュポテトを載せて焼き上げたもの。
[7]　羊肉をソースで和え、その上にマッシュポテトをのせて焼き上げたもの。羊肉を使っているので、「羊飼いのパイ（shepherd's pie）」と呼ばれています。
[8]　ジャガイモ、ニンジン、肉をとろみが出るまで煮込んだ食べ物。アイルランドの家庭料理ですが、パブでもよく出されます。
[9]　牛肉、ジャガイモ、玉ねぎなどをパイ生地で包んで食べやすくしたパイ。コーンウォール地方の伝統料理ですが、イギリス各地で食べられます。コーニッシュ・パスティともいう。

コテージパイ

コーニッシュパイ

Going to a Pub >> Day 14

Point Lesson
イギリス発音に慣れよう

/t/ が並んでいるときには、2回発音しない？

CD1-42

　next timeのように、語境界を隔てて、前と後ろに同じ音が来た場合（この場合には、/t/）には、[nekst taɪm]のように/t/を2回発音することはありません。
　詳しい解説の前に、まず、/t/の発音の仕方を図を用いながら、学びましょう。

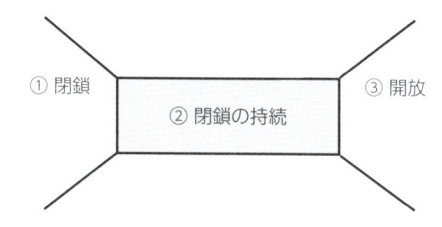

```
① 閉鎖         ② 閉鎖の持続         ③ 開放
```

　図の①で、上部の歯茎の後ろあたりに、舌先がついて、閉鎖が作られます。その後、それが②持続され、肺からの圧力が高まり、一気にその閉鎖が③開放されます。このようなプロセスを経て、/t/ は作られます。英語には /p, t, k, b, d, g/ の6つの破裂音がありますが、基本的な音の出し方は、①、②、③の順番で起こります。
　この破裂音が、2回続けて起こるとなると、口の中の動きがせわしいので、同じ音が並んだ場合には、②の持続がほんの少し長くなります。ですから、①の閉鎖の段階と、③の開放は /t/ が2つあっても、1回になるということです。
　しかし、2回 /t/ を発音してしまうと、不自然な発音になってしまうので、注意が必要です。このことを意識して、発音してみましょう。

発音レッスン　下線部に気を付けながら、以下の発音を練習してみましょう。（例文の訳はp. 115）🇬🇧

1. nex<u>t t</u>ime
2. pas<u>t t</u>ense
3. pe<u>t t</u>ag
4. use<u>d t</u>o
5. wen<u>t t</u>o
6. Please come to our party nex<u>t t</u>ime.
7. You have to use the pas<u>t t</u>ense in this context.
8. I put a pe<u>t t</u>ag on my dog.
9. John use<u>d t</u>o be a professor at New York University.
10. I wen<u>t t</u>o Ginza yesterday.

Relaxation Time 『パブでの支払い方』

　イギリスを初めて訪れる人は、どのように支払いをすればよいのか、戸惑うことがあるでしょう。一般に、パブでは、バーテンダーに飲み物などを注文したら、その場で精算する方式（cash on delivery）が採用されています。

　また、日本のように、割り勘で支払うことはほとんどなく、一人が全員分を支払い、次の注文の際には、別の人が全員分を支払うというのを順番に繰り返す方式（buying a round）が一般的です。ですから、話しが弾んで見知らぬ人に一杯ごちそうになるということも少なくありません。こうしたイギリス流の社交術に触れるのも楽しいものです。

開店準備をするパブ　　　夏の夕方に込み合うパブ

Week 2 発音レッスンの英文訳

Day 8 (p. 68)
14. 母は私を学校に連れていってくれました。
15. 私は、ステーキ・アンド・キドニーパイを食べるのが好きです。
16. 私たちの大好きなデザートはキャロットケーキです。

Day 9 (p. 77)
8. (レストランで) イギリスでは水にも代金を払わなければならないことに驚きました。
9. 彼は、日本では強打者として有名です。
10. 日本の夏はますます暑くなっています。
11. 兄 (弟) は大学でマーケティングを学んでいます。
12. 私はシンガポールにいる母からの手紙を待っています。

Day 10 (p. 84)
1. その通り。／右です。
2. あってる？／右？
3. ここです。
4. ここ？
5. そうです。
6. あってる？／何？
7. 大英博物館です。
8. 大英博物館ですか。
9. 彼は弁護士です。
10. 彼が弁護士だって？／彼は弁護士なの？
11. これはセントラル線です。
12. これはセントラル線ですか。

Day 11 (p. 92)
5. わたしのペットは大体15歳です。
6. 父は自動車が好きです。
7. ジョンソン氏はパリにたくさんの建物を所有しています。
8. ジェニファーは多くの小説を書いています。

Day 12 (p. 100)
7. 私はココアを飲むのが大好きです。
8. 本社はジュネーブにあります。
9. 次の停車駅 (停留所) はウォータールーです。
10. 山の頂上は雪におおわれています。
11. 選択肢はほかにありますか。

Day 13 (p. 107)
7. 彼が言ったことが気に障りました。
8. ジェシーの家族は毎週日曜日に教会に行きます。
9. 彼はオリンピックの聖火を次の人に渡しました。
10. 私は4種のチーズがのったピザが大好きです。
11. 私の父は、ジャイアンツの投手でした。

Day 14 (p. 114)
6. 次回は私たちのパーティーに来てくださいね。
7. この文脈では過去時制を使わなければなりません。
8. 私は、自分の犬に名札をつけました。
9. ジョンは以前、ニューヨーク大学の教授でした。
10. 昨日、銀座に行きました。

Week 3

トレーニング
第 3 週

Day
15

⌵

Day
21

3人は、荘厳なウェストミンスター寺院の雰囲気に圧倒されます。
テムズ川クルーズやロンドン・アイなどから、さまざまなロンドンの眺めを満喫します。
めぐみさんはお気に入りの服も買えたようですが…

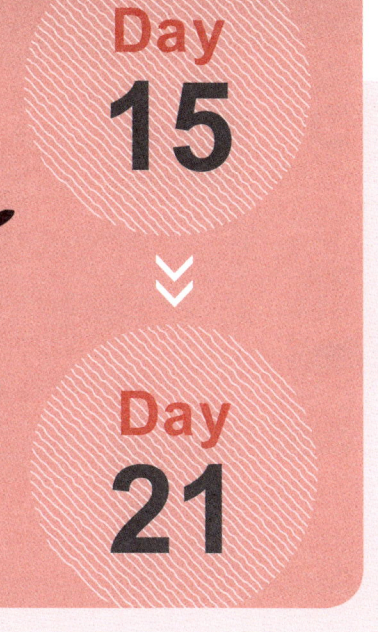

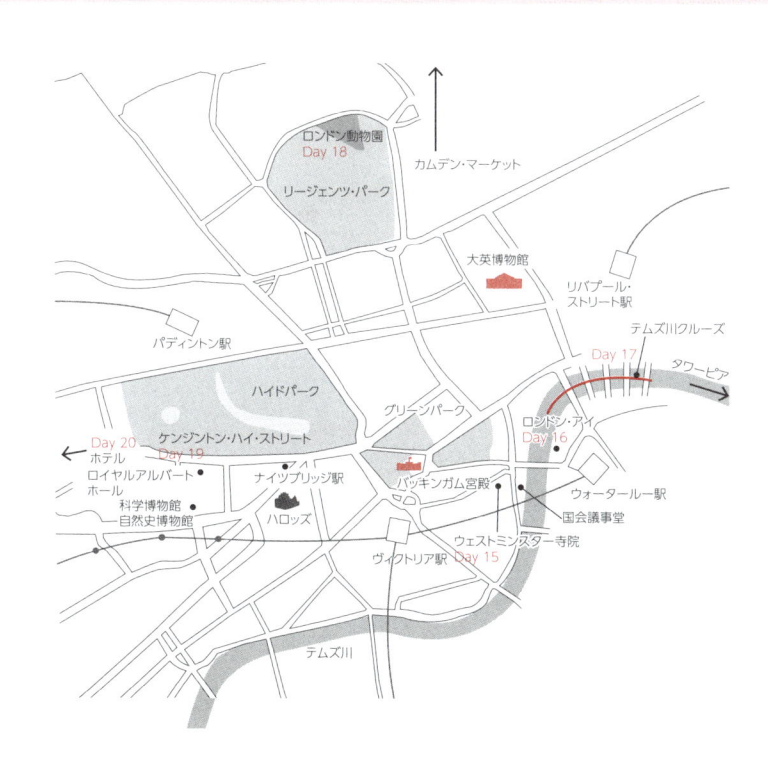

ロンドン動物園
Day 18
リージェンツ・パーク
カムデン・マーケット
大英博物館
リバプール・ストリート駅
パディントン駅
テムズ川クルーズ
Day 17
タワーピア
ハイドパーク
グリーンパーク
ロンドン・アイ
Day 16
ケンジントン・ハイ・ストリート
Day 20 ホテル
Day 19
ロイヤルアルバートホール
ナイツブリッジ駅
バッキンガム宮殿
科学博物館
自然史博物館
ハロッズ
ウォータールー駅
国会議事堂
ヴィクトリア駅
ウェストミンスター寺院
Day 15
テムズ川

Day 15 Westminster Abbey
ウェストミンスター寺院

Warm-Up

CDの音声を聞いて、（　　）に語句を書き込みましょう。

① We have student (　　　　) available as well if you're interested.

② I'm sorry but we're closed to the public for (　　　　) on Sunday.

③ It is also where (　　　　) have been laid to rest, including some of Britain's most storied, such as Elizabeth I.

確認しよう！　● 正解と聞き取りのポイント ●

① **concessions**　② **worship**　③ **monarchs**

【解説】
①concessionは第2音節に強勢（ストレス）が来ます。強勢の前の音節は、弱く読まれますので、[コン]ではなく[クン]といった感じになります。イギリス英語では特にこの部分が弱いので、cession「セッション」と聞き間違えるかもしれません。したがって、第1音節に気を付けて聞き取る必要があります。

②worshipは['wɜːʃɪp]と発音します。この強勢（ストレス）の来る母音[ɜː]は発音しづらく、同時に、聞きづらいので、注意が必要です。

③monarch(s)はあまり聞きなれない単語かもしれませんが、「絶対君主、国王」のことを指します。['mɒnək]と発音しますので、「**モ**ヌック」に近い発音となります。つづりから少し想像しづらい発音ですので、聞き取りの際にも注意が必要でしょう。

Westminster Abbey >> Day 15

会話の聞き取りに挑戦
Muscle Training

めぐみさんはジェニーさんのアパートにいます。ウェストミンスター寺院見学の前に電話で予約をします。

CD2 2

ウェストミンスター寺院の聖堂

1 めぐみさん、Jennyさんとウェストミンスター寺院のスタッフとの会話や、聖堂番のアナウンスを聞き取り、質問に英語で答えましょう。

① Is it free to enter the Westminster Abbey?
  If not, how much is the entrance fee per person?

　_____

② How much is a yearly pass?

　_____

③ What time and what day of the week did Megumi make a reservation?

　_____

④ What is another name for the Abbey?

　_____

⑤ In more recent years, what ceremony was conducted in the Abbey?

　_____

☑ Check your answers!

【解答解説】（訳は巻末 p. 240）

① No, it's not. It is 18 pounds.

*At Jenny's Flat*のスタッフの2つ目の電話での発言で、The tours cost 3 pounds, but you have to pay for entrance too. と言っています。その後に、めぐみさんが、Oh. How much is that? と尋ね、スタッフが 18 pounds, ~と返していますので、18ポンドであることがわかります。

② It is 40 pounds.

*At Jenny's Flat*のスタッフの3つ目の発言で、18 pounds, or you can buy a yearly pass for 40 pounds. と言っていますので、40ポンドであることがわかります。

③ She made a reservation at 10:20 AM on Saturday.

*At Jenny's Flat*のスタッフによる7つ目の発言で、I've got you down for 10:20 AM on Saturday. と言っていますので、土曜日午前10時20分に予約したことがわかります。

④ It is the Church of St. Peter at Westminster.

聖堂番による説明の中で、The Church of St. Peter at Westminster, or Westminster Abbey, ...と言っていますので、「ウェストミンスターにある聖ペテロ（修道）教会」というのが別名であることがわかります。

⑤ The wedding of Prince William, Duke of Cambridge, and Catherine Middleton, Duchess of Cambridge, was conducted.

聖堂番による説明の中で、In more recent years, it was where Prince William, Duke of Cambridge, and Catherine Middleton, Duchess of Cambridge, were married; と言っています。答えのconductは「(何かを) 行う」という意味の動詞です。

Westminster Abbey >> Day 15

2 CDの会話をもう一度聞きながら、目で確認しましょう。

Megumi : **M** Harry : **H** Jenny : **J** Staff : **S** Verger : **V**

At Jenny's Flat

H : Megu, do you still want to visit Westminster Abbey?

M : Yes, I'd like to. Shouldn't we get a guide though?

J : It's up to you. We can get a tour guide if you like.

M : I see ... then let's get one of those. I'll call; I'm getting more confident speaking on the phone in English now.

S : [phone rings] Westminster Abbey Information Desk. How may I help you?

M : Hi, I'd like to reserve a tour of Westminster Abbey. Can you tell me how much it is please?

S : The tours cost 3 pounds, but you have to pay for entrance too. ①

M : Oh. How much is that?

S : 18 pounds, ① or you can buy a yearly pass for 40 pounds. ② We have student concessions available as well if you're interested.

M : OK, I'd like 3 adult tickets with a tour please.

S : When for?

M : Um ... this Sunday, at noon.

S : I'm sorry but we're closed to the public for worship on Sunday.

M : Saturday then?

S : Yes, that's fine, but only until 1:30.

M : Then I'll take the earliest tour this Saturday.

S : OK, ma'am. I've got you down for 10:20 AM on Saturday. ③

Authentic Excerpts from Verger

V : The Church of St. Peter at Westminster, or Westminster Abbey, ④ dates back to the 11th century, and has been where British monarchs have been crowned since 1066 ... It's also where monarchs have been laid to rest, including some of Britain's most storied, such as Elizabeth I ... In more recent years, it was where Prince William, Duke of Cambridge, and Catherine Middleton, Duchess of Cambridge, were married; ⑤ … that couple passed through the Great West Door, the nave, alongside the quire and sacrarium … about a four-minute walk. This church is also where the memorial for Princess Diana was carried out.

M: [in whisper] So quiet and beautiful. I've never seen anywhere like it.
J: [in whisper] Yes, I'm really glad you got a chance to see this.

語句解説・関連語句

Westminster Abbey[*1]
ウェストミンスター寺院

confident [形] 自信のある

entrance [名] 入口

yearly pass 年間パス

student concession 学割

worship [名] 礼拝

verger [名] 聖堂番

The Church of St. Peter at Westminster
ウェストミンスターにある聖ペテロ（修道）教会

British monarch(s) 英国王

Elizabeth I エリザベス1世

Duke of Cambridge ケンブリッジ公爵

Duchess of Cambridge ケンブリッジ公爵夫人

Great West Door 西門

nave [名] 身廊（寺院の正面入り口から祭壇に向かう中央通路で参拝用の椅子があるところ）

quire [名] （= choir）聖堂の内陣（= 大祭壇がおかれ、聖職者や聖歌隊の聖歌隊のための場所）

sacrarium [名] 聖所、内陣

memorial [名] 葬儀

carry out 行う

【注】
*1) ロンドンのウェストミンスターにあり、7世紀に建立されました。歴代の国王や王妃などが葬られていたり、国王の戴冠式に使われたりする現役の教会です。また、チャールズ皇太子とダイアナ妃、ウィリアム王子とキャサリン妃が結婚した教会として知られています。教会内には、王侯貴族の墓だけでなく、チョーサー、ニュートンなど有名人の墓碑があります。

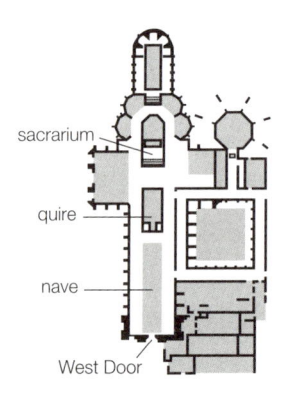

Westminster Abbey >> Day 15

●寺院や教会を訪れる際に覚えておくと便利な語句

chapel 礼拝堂
stained glass ステンドグラス
holy communion （プロテスタントの）正餐式、（カトリックの）聖体拝領
evensong （英国国教会の）晩祷式
organ recital オルガンリサイタル
morning service 朝の礼拝
evening service 夕方の礼拝

sermon （キリスト教の教会での）説教
transept （教会の）袖廊、翼廊（＝十字形教会堂の身廊（nave）に直角に交わる左右の廊のこと）
altar 祭壇
apse 後陣（＝祭壇の後ろのこと）
cloister （キリスト教の）修道院
abbot （キリスト教の）大修道院長（男性）

Point Lesson: 子音の後に母音は入れない

日本人が苦手な発音の一つに、**子音連続**があります。

これは日本語では基本的に、母音または子音＋母音で、**音節**（正確には**モーラ**という音の単位）を形成しますので、母音が核となります。例外としては、「ん」や「っ」です。たとえば、「パンダ」といった場合、これは3つの音の区切りの要素から、語がなっていることがわかります。

一方で、英語は、母音の周りに子音が複数くっついて、**音節**を形成します。たとえば、sprint「短距離競走」は1音節語ですが、それを発音記号で記すと[sprɪnt]となります。つまり、[ɪ]の前に3つの子音[spr]があり、後ろには2つの子音[nt]がありますが、母音が1つなので1音節語なのです。

しかし、日本語式に発音すると、「スプリント」となり、5つの音の要素（つまり、5つのモーラ）となります。つまり、[s]のあとに[u]を入れるので「ス」になり、[p]のあとに[u]をいれるので「プ」になり、[ri]と[n]をそれぞれ1つの音と捉えます。その後、[t]の後に[o]を挿入するので、「ト」となることから、5つの音のかたまりからできていると捉えるのです。

このように日本語の音のかたまりと英語の音のかたまりは異なるのです。したがって、日本人英語学習者は子音連続の際には、子音のあとに母音を入れないように気を配る必要があります。子音連続では一気に子音を言うようにすると、言いやすいようです。

発音レッスン　下線部に気を付けながら、以下の発音をしてみましょう。（例文の訳は p. 170）

1. s<u>pr</u>ing
2. s<u>tr</u>ing
3. <u>tw</u>ist
4. <u>pr</u>actise
5. seve<u>nth</u>
6. The best season in Kyoto is s<u>pr</u>ing.
7. Can you give me some s<u>tr</u>ings to tie up?
8. I <u>tw</u>isted my ankle yesterday.
9. You need to <u>pr</u>actise more.
10. This is our seve<u>nth</u> anniversary.

Relaxation Time

『イギリスの歴史とウェストミンスター寺院』

　イギリスの歴史を数時間で堪能したければ、ウェストミンスター寺院を訪れてみてはいかがでしょうか。「イギリスの歴史はウェストミンスター寺院を除いては語れない」という人もいるくらいです。これは、なぜでしょうか。

　ウェストミンスター寺院は、1066年にウィリアム征服王（William the Conqueror、別称ウィリアム1世）が初めて英国王としてこの寺院で戴冠して以来、この寺院はイギリス王家との関係が非常に深いのです。たとえば、現エリザベス女王の戴冠式（1953年6月2日）や、その息子であるチャールズ皇太子と故ダイアナ元妃の結婚式（1981年7月29日）、二人の子息であるウィリアム王子とキャサリン妃の結婚式（2011年4月29日）もここで執り行われました。また、13世紀から18世紀にかけて君臨したほとんどの英国王はここに埋葬されています。ですから、その墓を見学するだけでも、イギリスの歴史を垣間見ることができるのです。

　また、p.122でも言及したように、この寺院には、有名人の墓が多数あります。たとえば、イギリスの自然哲学者・物理学者で「万有引力の法則」を発見したアイザック・ニュートン（1642-1727）、『種の起源』を著した自然科学者のチャールズ・ダーウィン（1809-1882）、

ヨーロッパ人初のアフリカ大陸横断に成功した探検家であるデイヴィッド・リヴィングストン（1813-1873）、ドイツ生まれでバロック音楽の作曲家であるゲオルク・フリードリヒ・ヘンデル（1685-1759）、英語辞典の編集やシェークスピアの研究で知られる文学者サミュエル・ジョンソン（1709-1784）、詩人として知られるアルフレッド・テニスン（1809-1892）、『カンタベリー物語』の作者ジェフリー・チョーサー（1343?-1400）、『クリスマス・キャロル』『オリバー・ツイスト』『二都物語』など世界的な文学作品を数多く生み出した作家チャールズ・ディケンズ（1812-1870）、17世紀を代表する詩人で劇作家のジョン・ドライデン（1631-1700）など、イギリスの歴史を語るうえでは欠かせない、そうそうたる著名人の墓があるのです。ですから、イギリスの歴史を短時間で堪能したい人にとっては、このウェストミンスター寺院の墓めぐりはお勧めです。お墓めぐりというと、少し抵抗があるかもしれませんが、ここに眠る有名人の生前の功績に思いを馳せるのも粋なものです。

　寺院の外でも、合わせてお勧めなのは、「ブルー・プラーク（blue plaque）巡り」です。ブルー・プラークとは、上記で挙げたような著名人が住んでいた家や歴史的な事実があった場所に掲げられている青い銘板のことを指します。写真のような看板を見かけたら、立ち止まってそこに書かれている内容を読んでみるのも面白いものです。基本的には、実在した人物と関連した場所に設置されているのですが、シャーロック・ホームズが住んでいたとされるベーカー・ストリート（Baker Street）には、ホームズのプラークがあるのです。

ダーウィンのプラーク

　これらのブルー・プラークは、イングリッシュ・ヘリテッジ（English Heritage）という英国の歴史的建造物を保護する機関が管轄しているのですが、そのHP上で、ブルー・プラークがどこにあるかなど詳細な情報を検索することができますので、活用してみてはいかがでしょうか。

ブルー・プラーク検索サイト：http://www.english-heritage.org.uk/discover/blue-plaques/search/

Day 16 London Eye
ロンドン・アイ

Warm-Up

CDの音声を聞いて、（　　）に語句を書き込みましょう。

① That's one full (　　　　).

② They don't stop the (　　　　　) for us to get on?

③ For your own safety, please do not (　　　　　) against the doors ...

確認しよう！ ● 正解と聞き取りのポイント ●

① rotation　② pod　③ lean

【解説】
①日本語では「ローテーション」と言いますが、イギリス英語では、[rəʊˈteɪʃən]となりますので、「ロゥ**テイ**シュン」となります。二重母音[əʊ]と[eɪ]に注意しましょう。長母音だと思っていると、この二重母音が正確に聞き取れないことがあります。（→p. 160 Day 20 Point Lesson参照）

②podは観覧車の1つの「ゴンドラ、カプセル」のことを言いますが、もともと「（豆の）さや、（蚕などの）繭」といった意味です。ロンドン・アイのゴンドラ（カプセル）は、繭のような丸い形をしています。意味が分からなくても、予想しながら聞くことがリスニングでは重要になってきます。

③leanとagainstを滑らかにつなげて発話していますので、それらが2つの別個の単語であることに気づくことが必要です。

London Eye >> Day 16

会話の聞き取りに挑戦 Muscle Training

3人はロンドン・アイと呼ばれる大観覧車に乗り、空からの眺めを楽しみます。

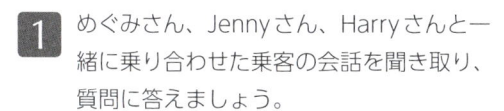

CD2 5

繭のような観覧車

1 めぐみさん、Jennyさん、Harryさんと一緒に乗り合わせた乗客の会話を聞き取り、質問に答えましょう。

① What did Megumi want to do?

② How long does it take for one full rotation?

③ How did Jenny pay for the tickets?

④ What were they able to see from the pod?

⑤ How high is the London Eye?

☑ Check your answers!

【解答解説】（訳は巻末 p. 241）

① She wanted to both see the London Eye and go on a Thames Cruise.

At Westminster のめぐみさんの2つ目の発言に、I'd love to see both the London Eye *and* go on a Thames Cruise. I can't decide which is better. とありますので、めぐみさんは、ロンドン・アイも見たいし、テムズ川下りもしたいと思っています。

② It takes about 30 minutes.

At Westminster のHarryさんの4つ目の発言に、It lasts about 30 minutes. とありますので、一周30分であることがわかります。

③ She paid online.

At Westminster でJennyさんはI could pay online and then you could pay me your share. と言っていますので、オンライン上で支払い、その後、2人はJennyさんに自分の分を払うことになっています。

④ They saw Big Ben, Westminster and the Barbican.

At Eye のめぐみさんは3つ目の発言で、Oh, I see. These will be great photographs. と言った後に、HarryさんとJennyさんがそれぞれにThere's Big Ben ... Westminster. We were just there!、What a view ... there's the Barbican. と言っていますので、ビッグベン、ウェストミンスター、バービカン（ヨーロッパ最大の文化施設）の3つのキーワードが解答に入っていることが重要です。

⑤ It's 135 metres.

At Eye で一緒に乗り合わせた乗客が、It's 135 metres. と言っています。

London Eye >> Day 16

2 CDの会話をもう一度聞きながら、目で確認しましょう。 [CD2-5]

Megumi : **M** Jenny : **J** Harry : **H** Ticket Clerk : **TC** Staff : **S**
Automated announcement : **AA** other British passenger

At Westminster

M: That was a great tour of Westminster.

H: I'm glad you liked it. We've still got the rest of the afternoon free. So what would you like to do?

M: I'd love to see both the London Eye and go on a Thames Cruise. I can't decide which is better. ①

J: [typing her mobile phone] Look, Megu. I think we can do both.

M: Really? Yes, we can get a Thames Cruise package that includes the London Eye.

H: Sounds good to me.

M: Me, too.

J: We can start here at the Eye, since we're already in Westminster. This package includes the single flight on the Eye.

M: A single flight?

H: That's one full rotation.

M: Oh, how long does it take?

H: It lasts about 30 minutes. ②

M: Then, we can take the cruise down to Tower Pier, right?

H: Exactly.

J: I could pay online and then you could pay me your share. ③

M&H: Sure.

J: I'll do it right now.

At Eye

TC: Next, please.

J: I'm here to pick up three tickets.

TC : What name are they under please?

J : Jenny Welles.

TC : Here you are.

J : Thank you.

H : OK, let's do it.

M : <mark>They don't stop the pod for us to get on?</mark>

J : No, you board while it's moving, but it's very slow so you'll have no problem doing it.

S : Mind the gap, please, as you enter the pod.

AA : *For your own safety, please do not lean against the doors ...*

M : What a great view of London! Oh, what are those signs at the top of the pod?

J : North ... South ... East ... and West ... and they show the direction you're looking in.

[Megumi takes pictures.]

M : Oh, I see. These will be great photographs.

H : There's Big Ben ... Westminster. ④ We were just there!

J : What a view ... there's the Barbican. ④

M : I wonder how high we are.

Other British Passenger : It's 135 metres ⑤ : the tallest observation wheel in Europe and the second-highest in the world.

M : Oh ... thanks.

AA : *We are now approaching the exit. Please be sure you have all your things ...*

London Eye >> Day 16

語句解説・関連語句

London Eye[*1] ロンドン・アイ
Thames Cruise[*2] テムズ川下り
share 名 （自分の）支払い分

direction 名 方向
observation wheel 観覧車
exit 名 出口

【注】
*1) ロンドンにある、1999年にミレニアム記念事業の一環として建設された観覧車。2008年までは世界一の高さを誇っていた観覧車でしたが、シンガポールにある直径165メートルのシンガポール・フライヤー（Singapore Flyer）にその大きさ（高さ）を抜かれました。
*2) テムズ川は全長346kmにわたり、ロンドンの中心を流れています。ロンドンと海とを結んでいるので、18世紀にイギリス帝国の貿易の中心だったころには、世界でもっとも交通量の多い川でした。川下りを利用したり、川沿いを歩いたりすると、タワーブリッジや、ミレニアムブリッジ、ロンドンブリッジや、ビッグベンやセントポール寺院、テートモダン、ロンドン・アイなど見逃せないスポットを両側に見ることができます。

●ロンドン・アイに乗る際に覚えておくと便利な語句

combination ticket 共通チケット
fast truck entry 優先入場
price on the day 当日券

online price オンライン価格
opening hour 営業時間

Point Lesson
イギリス発音に慣れよう

thirtyとthirteenはどのように聞き分ける？

　thirtyとthirteenを区別するのは、意外と難しいものです。これは発音するという面でも、聞き取りの面でも難しいのです。

　では、どのように難しいのでしょうか。まず、**強勢（ストレス）**が異なりますので、それを正確に発音する、または聞き取らなくてはなりません。thirtyは第1音節に強勢が来ますが、thirteenは第2音節に強勢が来ます。この相違は13か30かを聞き分ける際には重要な点となります。強勢（ストレス）の位置を間違えると、13を30と、その逆で、30を13であると誤解させてしまうという結果を生みます。

　次に、-teenと-tyでは**母音の長さ**が異なります。つまり、前者は [iː] で、後者は [i] です。[i] は両方とも少し鋭い感じの「い」だと意識するとよいでしょう。この点では、長さだけが異なります。

　以上、2点に気を付けて、thirtyとthirteenを発音し分けたり、聞き分けたりしましょう。

発音レッスン 強勢の位置と母音の長さに注意して発音してみましょう。（例文の訳は p. 170）

1. fourteen　　forty
2. fifteen　　　fifty
3. sixteen　　　sixty
4. seventeen　　seventy
5. eighteen　　 eighty
6. nineteen　　 ninety
7. I have fourteen cousins.
8. One class has fifty students.
9. I love songs sung in the 60's.
10. John met his wife when he was seventeen.
11. My grandmother is over eighty.
12. Mary entered the university in the 1990's.

テムズ川下り

Relaxation Time 『テムズ川沿いを散策する』

　ロンドンの名所は数々あります。たとえば、大英博物館、バッキンガム宮殿、ウェストミンスター寺院、ロンドン塔、セントポール大聖堂などがその代表格です。こうした地域とともに訪れたいのが、テムズ川沿いの散策スポットです。

　まず、西岸地区（ウエスト・バンク、west bank）にあたるエンバンクメント周辺では、ロンドン・アイ、ビッグベン、国会議事堂などのイギリスを代表する名所が一度に川の両岸にみられるので、おすすめです。

　それから、川沿いでは、毎日、様々なストリートパフォーマンスが行われていますので、それを見るのも楽しいものです。ふと足を止めて見たくなるパフォーマンスばかりです。筆者が訪れた際には、ミレニアムブリッジ近くで、バンドが生演奏をしていたのですが、その音楽に合わせて、小学校低学年くらいの子供が踊っていました。日本ではあまり見られない興味深い光景です。

エンバンクメント付近　　　ミレニアムブリッジを背に

　また、東岸地区（イーストバンク、east bank）は、1980年代からミレニアム（2000年）にかけて、華麗なる発展と進化を遂げた地域です。たとえば、タワーブリッジの東岸にあるバトラーズ・ウォーフ（Butler's Wharf）や、ロンドン東部ドックランズ（Docklands）などがその一例です。前者には、倉庫街を改装したおしゃれなレストランやペントハウスがあったり、後者には近代的なオフィスやショッピングモールが並びます。

　2012年に開催されたロンドン・オリンピックのメイン会場であったオリンピック・スタジアムは、ドックランズの中心地域カナリー・ウォーフ（Canary Wharf）の北にあります。

カナリー・ウォーフのビル群

Day 17 Thames Cruise
テムズ川クルーズ

Warm-Up

CDの音声を聞いて、（　　）に語句を書き込みましょう。

① Mind the gap, please, as you (　　　　　).

② Here is the Royal Festival Hall, just recently (　　　　　).

③ It's a (　　　　　) bridge made of Portland stone.

確認しよう！　● 正解と聞き取りのポイント ●

① board　② refurbished　③ self-cleaning

【解説】

①boardは「乗船する」といった意味で、よく使われます。イギリス英語では、/r/の音を発音しませんので、[bɔːd]となります。ちなみに、イギリス英語ではbored「退屈する」も同じ発音となります。（→p. 39 Day 4 Point Lesson参照）

②refurbishedは極めて日常的に使われる「修復の終わった」という意味の単語です。しかし、日本では、ほとんど学習することのない単語ですが、絶対に覚えておきたい単語の一つです。発音は[ˌriːˈfɜːbɪʃt]です。

③self-cleaningはselfの/l/がcleaningの/l/よりも弱く読まれています。したがって、聞き取りの際に少し難しいこともあるので、注意が必要です。

Thames Cruise >> Day 17

空からの眺めを楽しんだ後はテムズ川クルーズ。ガイドの説明付きでロンドンの名所をめぐります。

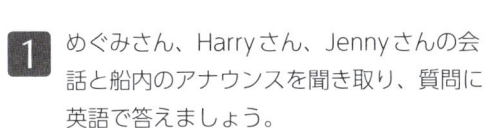

CD2
8

タワーブリッジ

1 めぐみさん、Harryさん、Jennyさんの会話と船内のアナウンスを聞き取り、質問に英語で答えましょう。

① Is the *Wellington* still in use?

___

② What is the ITV building?

___

③ Are there any beaches alongside the Thames?

___

④ What did the onboard staff ask the passengers to do to the people on Blackfriars Bridge?

___

⑤ Did Megumi enjoy the cruise?

___

Check your answers!

【解答解説】（訳は巻末 p. 242）

① No, it's not.

船内アナウンスにおいて that ship is the *Wellington* ... which is retired from active service and is now a floating livery hall. と言っていますので、現役の船ではなく、商船長の資格を持つ元船員のギルドホール（同業者組合のホール）として使われていることがわかります。

② It is the building where a lot of films are made.

船内アナウンスで、We're now coming up on the ITV building, where a lot of films are made. と言っていますので、たくさんの映像作品が作られていることがわかります。ITVはイギリス最大の民放局ですので、覚えておきたい単語です。

③ Yes, there is.

船内アナウンスで、the Thames has a beach ... you can see a few people strolling along there on the South Bank. と言っていますので、ビーチがテムズ川沿いにあることがわかります。beachは海に限らず、大きな川や湖の岸辺を表すときにも使います。

④ He asked them to wave at the people on the bridge as they go under.

船内アナウンスに、Oh ... everyone wave at the people on the bridge as we go under! とあります。つまり、橋の下を通過する際に、そこにいる人たちに手を振るようにと言っています。

⑤ Yes, she did.

めぐみさんの最後の発言で、What a great cruise! と興奮したように語っていますので、川下りを楽しんだことがわかります。

Thames Cruise >> Day 17

2 CDの会話をもう一度聞きながら、目で確認しましょう。

Megumi : **M**　Jenny : **J**　Harry : **H**　Onboard Staff : **OS**
Guide Announcement : **GA**

M : That was a great London Eye flight. So now we're on to the Thames Cruise?

J : That's right. It's part of our package.

H : It's a really cool way to see London ... and we'll see a lot more than we did on the waterbus. [Jenny, Harry, Megu board.]

OS : Mind the gap, please, as you board.

M : What a great view of London!

H : Yes, it's wonderful, isn't it? Listen, the guide will point out the landmarks as we go.

GA : Here is the Royal Festival Hall, just recently refurbished. It hosts quite a few classical performances, including several from the London Philharmonic Orchestra ... coming up is the IMAX Cinema ... here we're going under Waterloo Bridge, built in 1945. It's a self-cleaning bridge made of Portland stone. I say that it's self-cleaning because rain cleans it.

Next up ... the National Theatre, which contains three theatres inside ... that ship is the *Wellington* ... which is retired from active service and is now a floating livery hall. ① We're now coming up on the ITV building, where a lot of films are made. ② In fact, quite a few movies are filmed in this area ... and, yes, the Thames has a beach ... you can see a few people strolling along there on the South Bank. ③
We're now going under Blackfriars Bridge. This is a railway bridge, and its Underground station has recently been improved. Oh ... everyone wave at the people on the bridge as we go under! ④

M : What a great cruise! ⑤

語句解説・関連語句

landmark 名 歴史的建造物
London Philharmonic Orchestra[*1]
ロンドン・フィルハーモニー・オーケストラ
Waterloo Bridge ウォータールー・ブリッジ
livery hall 同業者組合のホール
quite a few 相当数の、かなりの数の
stroll 動 そぞろ歩く

South Bank[*2] サウス・バンク
Blackfriars Bridge
ブラックフライアーズ・ブリッジ
recently 副 最近
improve 動 〜を開発する
wave 動 手を振る

【注】
*1) イギリスを代表するオーケストラ。
*2) テムズ川の南岸の地域で、1980年代に開発が進み、コンサートホール、レストランなど様々な施設があり、連日、ロンドン市民や観光客でにぎわうエリアです。

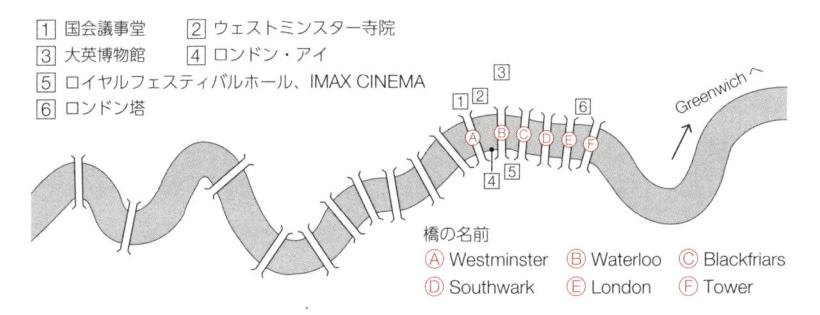

[1] 国会議事堂　[2] ウェストミンスター寺院
[3] 大英博物館　[4] ロンドン・アイ
[5] ロイヤルフェスティバルホール、IMAX CINEMA
[6] ロンドン塔

橋の名前
Ⓐ Westminster　Ⓑ Waterloo　Ⓒ Blackfriars
Ⓓ Southwark　Ⓔ London　Ⓕ Tower

●テムズ川下りをする際に覚えておくと便利な語句

payment 名 支払い
eastbound 名 東行き
westbound 名 西行き
pier price 桟橋での窓口価格

single 名 片道((イギリス英語))
return 名 往復((イギリス英語))
onboard service 船内サービス
confirmation 名 予約の確認

Point Lesson: 語頭の /r/ の発音の仕方

日本人が最も苦手とする発音の一つが /r/ です。特に語頭に来た場合に問題が生じることが多いようです。以下に、語頭に来た際の /r/ を発音するときのポイントを説明しましょう。

まず、口の内部の動きで気を付けたいことがあります。それは、日本語の「ラ行の音、ら・り・る・れ・ろ」のときには、舌先が口の上部にある歯茎の後ろに舌先をはじくようにして発音しますが、英語の場合には、通常、**舌先は口の中の上部につくことはない**という点です。舌を反るようにして丸めて、それをポンッと戻すようにして /r/ を作ると、上手に発音できるでしょう。

次のポイントは、**唇を少し丸めて**から、/r/ を言うと、言いやすくなります。なぜなら日本語の場合には、唇を丸めて、「ラ行の音」を言わないからです。

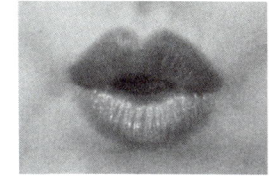

/r/ の構え

発音レッスン

下線部に気を付けながら、以下の発音を練習してみましょう。(例文の訳は p. 170)

1. ring
2. rush
3. ruby
4. respect
5. rock
6. People usually buy diamond rings for engagements.
7. I'm in a rush.
8. My birthstone is a ruby.
9. Jerry respects his father very much.
10. Do you know that your son is in a rock band?

Day 18 London Zoo
ロンドン動物園

Warm-Up

CDの音声を聞いて、(　　) に語句を書き込みましょう。

① The Sumatran Tiger is an (　　　　) (　　　　), so we're hoping to preserve them.

② The Duke of Edinburgh was here at the (　　　　), actually.

③ I took so many brilliant pictures, and we got to see the animals (　　　　).

確認しよう！　● 正解と聞き取りのポイント ●

① endangered species　② launch　③ up-close

【解説】
①endangered speciesは「絶滅危惧種」という意味で、覚えておきたい単語です。endangeredの-edが明確に発音されていませんので、聞き取りの際には注意が必要です。自然な発話では、過去形や過去分詞形の-edは、単独で発音された時よりも、弱く短く発音されるということを覚えておきましょう。

②launchは [lɔːntʃ] と発音します。つづり字から発音が予想しにくい単語です。一般的には、名詞で「開始」という意味ですが、ここでは、2013年にオープンした「スマトラトラエリアのオープン記念式典」という意味で使われています。

③up-closeはcloseに強勢が来ます。カジュアルな表現で、「すぐ近くで」という意味です。

London Zoo 》》 Day 18

会話の聞き取りに挑戦　Muscle Training

めぐみさんたちは念願のロンドン動物園を訪れ、楽しいひとときを過ごしています。

CD2 11

かわいいペンギン

1 めぐみさん、Harryさん、Jennyさんの会話と動物園のスタッフの説明を聴き取り、質問に英語で答えましょう。

① How many kinds of penguins are there at London Zoo?

___

② What is special about one of the penguins?

___

③ What are the staff hoping the Sumatran Tigers will do?

___

④ Where do cotton-top tamarin monkeys come from?

___

⑤ Why are the cotton-top tamarin monkeys so small?

___

☑ Check your answers!

【解答解説】（訳は巻末 p. 243）

① There are four species.

*Penguin Pool*のスタッフ（ベッキー）の説明で、Our penguin pool is the largest in Britain and it's home to 22 penguins and 4 species of penguins. と言っていますので、4種22匹のペンギンがいることがわかります。

② One of them has a Facebook page.

*Penguin Pool*のスタッフ（ベッキー）の説明で、One of our penguins even has a Facebook page! と言っていますので、ペンギンがフェイスブックのページを持っていると言っています。

③ They are hoping they will breed at the zoo.

*Tiger Territory*のスタッフ（トム）の説明に、We're hoping they'll breed here. とありますので、メスとオスのトラが繁殖することを期待していることがわかります。

④ They came from the South American rainforests or dry forests.

*Rainforest Building*でのスタッフ（トム）の説明に、They're from the South American rainforests or dry forests. とありますので、タマリンモンキーは南アメリカの熱帯雨林、または乾燥熱帯林原産であることがわかります。

⑤ Because they are babies.

*Rainforest Building*における2つ目のめぐみさんの質問で、Are those babies? と言っていますが、それに対して、Yes, they're just getting used to being away from their mother ... playing together. と言っていますので、赤ちゃん猿なので、小さいということがわかります。

London Zoo >> Day 18

2 CDの会話をもう一度聞きながら、目で確認しましょう。

Megumi : **M**   Jenny : **J**   Harry : **H**   Staff 1 : **S1(Becky)**   Staff 2 : **S2(Tom)**

At Gate Entrance

M : I'm finally getting a chance to visit London Zoo.

J : This should be great. I can't wait to get inside.

Penguin Pool

S1 : This is the largest penguin pool in England. My name is Becky, joined by Tom and Bob. Our penguin pool is the largest in Britain and it's home to 22 penguins and 4 species of penguins. ① The penguins in our pool are Humboldt Penguins, Macaroni Penguins, Rockhopper Penguins, and Black-footed Penguins. One of our penguins even has a Facebook page! ②

Tiger Territory

M : Excuse me, what are those?

S2 : Those are our Sumatran Tigers : Jae Jae — the male and Melati — the female.

M : Oh ...

S2 : The Sumatran Tiger is an endangered species, so we're hoping to preserve them. We're hoping they'll breed here. ③ You should have been here at the opening. The Duke of Edinburgh was here at the launch, actually.

M : Oh really ... they look so powerful.

H : And hungry! Roar!

J : Harry!

Rainforest Building

M : So cute! Are those monkeys?

S2 : Yes, Cotton-top Tamarin Monkeys. They're from the South American rainforests or dry forests. ④

M : Those ones over there are so small. Are those babies? ⑤

S2 : Yes, they're just getting used to being away from their mother … playing together. ⑤ Right now, they're an endangered species, critically endangered in fact.

M : I took so many brilliant pictures, and we got to see the animals up-close. I felt as if we could almost reach out and touch them!

J : The zookeepers were really helpful as well.

H : Yes, it was a great time!

語句解説・関連語句

London Zoo[*1] ロンドン動物園
species 名 種、種類
breed 動 繁殖する
the Duke of Edinburgh[*2] エジンバラ公
roar 動 (ライオンなどがウォーと)吠える、うなる
cotton-top tamarin monkeys[*3] ワタボウシタマリン

rainforest 名 熱帯雨林
dry forest 乾燥熱帯林
critically endangered[*4] 絶滅危惧種ⅠA類の、絶滅寸前の
brilliant 形 素晴らしい、見事な
up-close すぐ近くで
reach out 手を伸ばす
zookeeper 名 動物園の飼育係

【注】
*1) ロンドンにある世界で最初の科学動物園で、1828年に開園、1847年に一般公開されました。
*2) エリザベス2世の夫君で、エジンバラ公フィリップ殿下のこと。
*3) 体長20〜30cm、リスほどの大きさのサル。cotton-topは冠毛が綿のように見えることに由来します。
*4) 国際自然保護連合（IUCN）が絶滅の危惧される動物をランク付けし、critically endangered (CE) は8ランク中の第3位となります。

●動物園に行く際に覚えておくと便利な語句

opening times 開園時間
giraffe 名 キリン
wild boar 名 イノシシ
sealion 名 アシカ、トド

rhinoceros 名 サイ
hippopotamus 名 カバ
conservation 名 保全
book ticket(s) チケットを予約する

London Zoo >> Day 18

Point Lesson
イギリス発音に慣れよう

finallyの 'f' は
下唇をかむとよい？

CD2 12

　finallyの語頭の/f/を上手に発音することはできますか。
　/f/の発音をする際に、注意する点がいくつかあるので、ここではそのポイントを学習しましょう。
　まず、下唇に前歯を軽く当てます。ここで注意するのは、「**軽く当てる**」という点です。しばしば「下唇をかむ」と学習書に書いてあったり、指導者が教えたりすることがありますが、それは正しくはありません。なぜなら、かんでしまうと、それをすぐに離したくなってしまったり、空気がうまく出なかったりするからです。
　次に、下に前歯を軽く当てた後に、**肺からの空気を十分に出します**。当てると同時に肺からの空気を出してしまうと、/p/や/b/のような破裂音のように「一瞬の音」になってしまうので、注意が必要です。
　上記の点に気をつけると、肺からの空気は歯と歯の隙間や、舌と歯の隙間から**勢いよく出て正しい/f/の音が出せるのです**。

ワタボウシタマリン

発音レッスン 下線部に気を付けながら、以下の発音を練習してみましょう。（例文の訳はp. 170） 🇬🇧

1. <u>f</u>ish
2. <u>f</u>ry
3. <u>f</u>requent
4. <u>f</u>ear
5. <u>f</u>ocus
6. <u>f</u>oam
7. Would you like <u>f</u>ish or meat?
8. Do you want to order <u>f</u>ried rice?
9. We have <u>f</u>requent visitors today.
10. Josh has a <u>f</u>ear of spiders.
11. The paper <u>f</u>ocused on current economic trends.
12. Could you add <u>f</u>oamed milk?

Relaxation Time 『イギリスの楽しみは公園にあり』

　ロンドン動物園は、ロンドン北部にあるリージェンツ・パーク（Regent's Park）内の北側にあります。この公園は、南側にクイーン・メアリーズ・ガーデン（Queen Mary's Gardens）という名のバラの美しい一帯があります。初夏に咲くバラはそれは見事です。また、野生のリスがかわいらしく駆け回っているのには驚きます。

　このように、イギリスを訪れたら、公園や庭園を散策するのも、英国文化に触れる格好の機会です。ロンドンとその郊外にも、多種多様で、ユニークな公園がいくつもあります。たとえば、テムズ川上流にある王立植物園 Royal Botanic Gardens、通称「キュー・ガーデン（Kew Garden）」では珍しい植物や19世紀中ごろに作られた温室がみられますし、ロンドン西部にあるホランド・パーク（Holland Park）では、フランス風庭園や日本庭園など数種類のユニークな公園があります。

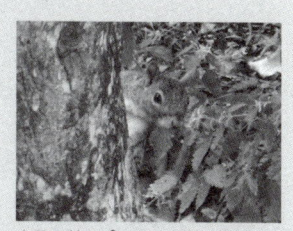

ホランド・パークで出会ったリス

　公園や庭園に足を踏み入れると、イギリス人の気取らない日常の生活の一部を垣間見ることができるので、大変興味深いものです。筆者がホランド・パークを訪れた際には、平日にもかかわらず、ピクニックセットに思い思いの品を詰め込んだ多くの家族でにぎわっていましたし、ベンチに座って読書する人から、巨大なチェス盤でチェスを楽しんでいる若者まで、様々な人たちが夏を謳歌していました。

　イギリス人は公園や庭園の活用の仕方が上手な気がします。

公園で巨大チェスを楽しむロンドン市民

Day 19 Buying Clothes
洋服を買う

学習日

Warm-Up

CDの音声を聞いて、（　　）に語句を書き込みましょう。

CD2 13

① Are you looking for something bright and colourful or something more (　　　　)?

② Oh, and can I get a (　　　　) receipt? I want to claim the (　　　　) back at Heathrow.

③ Don't worry; you'll be the (　　　　) girl in Tokyo.

確認しよう！　● 正解と聞き取りのポイント ●

① neutral　② VAT　③ coolest-looking

【解説】

①neutralとは、「中間色の」という意味で、しばしば使われる単語です。[ˈnjuːtrəl]と発音しますので、[ニューチュロル]に近い発音となります。アメリカ英語では、[ˈnuːtrəl]と発音しますので、[ヌーチュロル]に近い発音となります。したがって、第1音節の発音がイギリス英語とアメリカ英語で異なるので、注意が必要です。

②VATはValue-Added Taxの頭文字をとったもので、「付加価値税」のことを表します。VとBを混同しないようにしましょう。旅行者にとっては、きわめて重要な単語ですので、覚えておきたい単語です。ところで、VATの読み方ですが、アルファベットを一つ一つ読む場合と、[væt]と読む場合があります。

③coolest-lookingは「最もすてきな」という意味です。/t/がほとんど聞こえないので、注意が必要です。

Buying Clothes >> Day 19

Muscle Training 会話の聞き取りに挑戦

Jennyさんに連れられて、めぐみさんは、ケンジントン・ハイストリートに洋服を買いに行きます。

CD2 14

ブティックで

1 めぐみさんとジェニーさん、ブティックのスタッフの会話を聞き取り、質問に英語で答えましょう。

① What kind of clothes is Megumi looking for?

_____

② What colour dress does Megumi ask for?

_____

③ What size is Megumi looking for?

_____

④ Does Megumi like the dress that she wore?

_____

⑤ How does Megumi pay for the dress?

_____

☑ Check your answers!

【解答解説】（訳は巻末 p. 244）

① She is looking for something modern and trendy, but girlish.

Choosing an Item のめぐみさんの2つ目の発言に Something modern, trendy ... but girlish. と言っていますので、「現代的で、トレンディーだが、女性らしい服」を探していることがわかります。

② She asks for a black dress.

Choosing an Item のめぐみさんの3つ目の発言で Do you have it in black? と聞いています。それに対して、店員が Yes, here you are. と言っていることから、黒のドレスを持ってくるようにお願いしていることがわかります。

③ She wants an 8-10 in a British size.

Choosing an Item のめぐみさんの5つ目の発言で I think I'm about an 8-10 in a British size. と言っていますので、8-10のサイズがほしいことがわかります。8-10は日本サイズの9号から11号にあたります。（→ p. 153 洋服のサイズ対照表 参照）

④ Yes, she does.

After Changing のスタッフの2つめで、めぐみさんに対して Would you like to take it, then? と聞き、それに対して、Yes, please. I'll just get changed. と言っていることから、試着した洋服が気に入っていることがわかります。

⑤ She paid with a credit card.

At the Checkout でめぐみさんが I'll put it on my card, please. と言っていますので、クレジットカードで支払ったことがわかります。

Buying Clothes >> Day 19

2 CDの会話をもう一度聞きながら、目で確認しましょう。

Megumi : **M**   Jenny : **J**   Staff : **S**

Walking in Kensington High Street District

M: Wow, this place looks exciting. Is it expensive?

J : There are some expensive shops, but there are cheaper ones, too.

M: It's a nice place to window-shop.

J : Don't you want to buy anything?

M: I wouldn't mind getting something while we're here — if it's not too expensive.

J : We'll find something you can afford — don't worry.

M: [peering into mid-scale boutique enthusiastically] Oh … this looks nice. Let's try this place!

Getting Sizes

M: This one looks nice, but I wonder if they have it in my size.

J : Why don't you ask the assistant?

M: [to the staff] Excuse me, can you help me?

S : Of course. What can I do for you?

Choosing an Item

M: I'm looking for something warm.

S : Are you looking for something bright and colourful or something more neutral?

M: Something modern, trendy … but girlish. ① Do you have anything like that?

S : What about this dress?

M: Do you have it in black? ②

S : Yes, here you are.

M: OK, I'd like to try it on.

S : What size are you?

M: I think I'm about an 8-10 in a British size. ③

[Employee goes through racks, looking at options]

S : What about these?

M: Hmm ... they look good. Where can I try them on?

S : The fitting rooms are right over there.

After Changing

M: [to Jenny] How do I look?

J : I think you look great.

S : I think so, too. But how does it feel?

M: Fine ....

S : Would you like to take it, then?

M: Yes, please. I'll just get changed. ④

At the Checkout

S : And how would you like to pay?

M: I'll put it on my card, please. ⑤ Oh, and can I get a VAT receipt? I want to claim the VAT back at Heathrow.

[Girls Exit.]

M: I hope this looks good when I get home.

J : Don't worry; you'll be the coolest-looking girl in Tokyo. [Both girls giggle.]

語句解説・関連語句

exciting [形]　胸躍らせる
window-shop [動]　ウィンドーショッピングする
afford [動]　〜を買うお金がある、〜する金銭的な余裕がある

assistant [名]　ここでは「店員(shop assistant)」のこと
bright [形]　明るい
VAT　付加価値税 [value-added tax の頭文字]
coolest-looking [形]　最もかっこよく見える

Buying Clothes >> Day 19

●洋服の買い物に行った際に役立つ語句

- big / small 形 大きい・小さい
- thick/thin 形 厚い・薄い
- bright/dark 形 (色が) 明るい・暗い
- jumper 名 セーター ((イギリス英語))
- trousers 名 ズボン ((イギリス英語))
- waistcoat 名 ベスト ((イギリス英語))
- scarf 名 マフラー、スカーフ ((イギリス英語))
- underwear 名 下着
- outfit 名 (ひとそろいの) 洋服
- dress 名 ワンピース
- cashmere 名 カシミヤ
- wool 名 ウール
- linen 名 麻
- dots 名 水玉
- stripes 名 ストライプ

日本とイギリスにおける洋服のサイズ対照表

男性

日本	S	M	L	LL
イギリス	34、36	38、40	42、44	46、48

女性

日本	7	9	11	13	15
イギリス	6	8	10	12	14

チェルシーで見つけた店

イギリス発音に慣れよう Point Lesson

tryとryeでは/r/の発音が違う？

よくよく発音を観察してみると、一見同じ音だと思ったものでも、違いがある場合があります。

では、try（〜を試す）とrye（ライ麦）を例に、その発音の違いを観察していくことにしましょう。

まず、ryeの/r/は、通常、舌先を口の天井の前部に向かって軽く折り曲げるように丸めて、/r/を発音します。ここで重要なのは、舌が天井部につかないことです。この点については、Day 17のPoint Lesson（p. 139）を参照してください。

一方で、tryの/r/も同じように発音しますが、/t/と/r/を一緒に発音するのがポイントです。しかし、発音記号[traɪ]を見ると、/t/と/r/はそれぞれ別個の音素（音の最小単位のこと）なのですが、それでもなお、一つのような音「チュ」と発音すると上手に発音できます。

2つの音素/t/と/r/を一緒に発音するとはどういうことか、もう少し詳しく説明しましょう。

唇を丸めた状態で、/t/を発した後すぐに、先ほどの/r/と同様に舌先を天井部に向かって丸めます。/t/を発音する際には歯茎の後ろに舌先が軽く当たっていますので、単独で/r/を言った場合とでは舌の位置が少し異なります。この場合、先ほどのryeの/r/とは違って、/r/が無声音となり、それに少し**摩擦**が加わります。この結果として、tryは[トラィ]ではなく、[チュラィ]に近い発音となるのです。この特徴は、/tr/や/dr/の音の連続の時に起こります。

同じ/r/でも、環境によって少し音の特徴が異なるということを覚えておきましょう。

Buying Clothes >> Day 19

発音レッスン 下線部に気を付けながら、以下の発音を練習してみましょう。（例文の訳はp. 170）

1. <u>tr</u>ay
2. <u>tr</u>ick
3. <u>tr</u>ain
4. <u>dr</u>ink
5. <u>dr</u>y
6. <u>dr</u>ama
7. <u>dr</u>ive
8. The waiter brings <u>dr</u>inks on a <u>tr</u>ay.
9. Paul played a dirty <u>tr</u>ick on his friend.
10. I usually take a <u>tr</u>ain to school.
11. Let's have some <u>dr</u>inks.
12. My mother loves to watch UK <u>dr</u>amas.
13. I was <u>dr</u>iving alongside the sea.

Day 20 Asking Directions
道順を聞く

Warm-Up

CDの音声を聞いて、（　　）に語句を書き込みましょう。

① Where are you (　　　　)?

② Right, you should have kept going in the same (　　　　).

③ It was (　　　　).

確認しよう！　● 正解と聞き取りのポイント ●

① **headed**　② **direction**　③ **unforgettable**

【解説】

①headedは['hedɪd]と発音します。-edの部分が弱く読まれているので、この部分に注意して聞く必要があります。

②directionは[daɪ'rekʃn]と発音していますので、日本式の[ディレクション]とは発音が異なります。したがって二重母音の[aɪ]の部分に注意が必要です。

③unforgettableは「忘れられない」といった意味の単語です。しばしば、-ableのところは、通常の会話では、[-bl]のように短く発音されることが多いのですが、ここでは[-bəl]のように丁寧な発音となっています。日本人学習者にとっては、後者の方が聞き取りやすいのです。

Asking Directions >> Day 20

Muscle Training 会話の聞き取りに挑戦

めぐみさんはホテルへ帰る途中で、道に迷ってしまい、年配の女性に尋ねています。

CD2 17

クロムウェル通りのプレート

1 めぐみさんと年配の女性との会話を聞き取り、質問に英語で答えましょう。

① Which hotel is Megumi staying at?

_____

② Where did Megumi take a wrong turn?

_____

③ Which road is the hotel located in?

_____

④ Which countries did the elderly woman visit apart from Japan during her 4-week tour?

_____

⑤ When did the elderly woman visit Japan?

_____

✓ Check your answers!

【解答解説】（訳は巻末 p. 245）

① She is staying at the Millennium Bailey's Hotel.

めぐみさんの2つ目の発言に、To the Millennium Bailey's Hotel. と言っていますので、ミレニアム・ベイリーズ・ホテルに滞在していることがわかります。

② She took a wrong turn at Ashburn place.

めぐみさんの3つ目の発言で、I was on Courtfield Road. I think I took a wrong turn at Ashburn Place. と言っていますので、アッシュバーン・プレイスで間違った方向に曲がったことになります。

③ It is located in Gloucester Road.

年配の女性の4つ目の発言に、You should go back the way you came. Carry on up Courtfield Road until you reach Gloucester Road. と言っていますので、ホテルはグロスター・ロードにあることがわかります。グロスターという地名は、つづり字から発音を、その逆に、発音からつづり字を予想することが難しい名称ですので、注意したいところです。

④ She visited both China and South Korea.

年配の女性の9つ目の発言に、Yes, I did a 4-week tour of China, South Korea and Japan. と言っていますので、日本以外には、中国と韓国に行ったことがわかります。

⑤ She visited Japan ages ago.

年配の女性の9つ目の発言に、Of course, that was ages ago. とありますので、旅行に行ったのが、かなり昔（ages ago）であることがわかります。

Asking Directions >> Day 20

2 CDの会話をもう一度聞きながら、目で確認しましょう。

Megumi : **M**   Elderly Woman : **W**

Walking near Kensington High Street

M: [to herself] I'm totally lost.

[to the elderly woman] Excuse me, but could you help me, please? I'm lost.

W: Where are you headed?

M: To the Millennium Bailey's Hotel. ①

W: Oh, you're almost there.

M: I was on Courtfield Road. I think I took a wrong turn at Ashburn Place. ②

W: Right, you should have kept going in the same direction.

M: So I did take the wrong turning.

W: Yes. You should go back the way you came. Carry on up Courtfield Road until you reach Gloucester Road. ③

M: I follow you ...

W: Then, when you're back on that street, turn right and keep going.

M: Until I reach the hotel?

W: That's right. You can't miss it.

M: Thanks.

W: No problem. Where are you from, if you don't mind me asking?

M: I'm from Japan.

W: Japan? Oh, believe it or not, I've been there.

M: Really?

W: Yes, I did a 4-week tour of China, South Korea and Japan. ④ It was unforgettable. Of course, that was ages ago. ⑤ I imagine everything has changed since then.

M: I hope you can visit again one day.

W: [smiling] I hope so, too!

M: Thanks again for your help. Bye!

W: Bye!

📖 語句解説・関連語句

totally 副 完全に
head 動 （ある地点に）向かう、（ある方向に）進む
Courtfield Road コートフィールド・ロード（通りの名前）
Ashburn Place アッシュバーン・プレイス（通りの名前）
Gloucester Road グロスター・ロード（通りの名前）
keep going そのまま歩き続ける、前進する
reach 動 〜に届く、着く、到着する
believe it or not 驚くべきことに、信じられないかもしれませんが
unforgettable 形 忘れられない

●道を尋ねる時に覚えておくと便利な語句

straight まっすぐ
sign 標識
traffic light 信号

zebra crossing 横断歩道（（イギリス英語））
turn right/left 右［左］に曲がる

Point Lesson: イギリス発音に慣れよう

日本語の発音につられない：二重母音

CD2 18

ところでhotelの発音はどのように発音するでしょうか。

英語初級者は[**ホ**テル]のように、[ホ]に強勢を置き、日本語式に発音します。中級者・上級者は[ホー**テ**ル]のように正しい強勢の位置で発音することができます。しかしそれだけでは正解とはいえません。

辞書などで発音を調べると、イギリス英語では[həu'tel]ですので、[ホゥ**テ**ル]となります。つまり、第1音節は**二重母音**が正しい発音なのです。

では次に、boatはどのように発音するでしょうか。多くの英語学習者は[**ボート**]と発音します。しかし、この単語はイギリス英語では[bəʊt]と発音するのです。

このような例から、日本人は、元来、**英語で二重母音であるところ**を、日本語に外来語として取り入れる際に、**長母音として発音する傾向**があるのです。

しかしながら、やはり発音練習をする際には、正確に二重母音で発音したいものです。二重母音の発音の仕方については、詳しくは**Day 6**の**Point Lesson**（→p. 52）を参考にしましょう。

/発音レッスン　下線部の二重母音に気を付けながら、発音練習をしましょう。（例文の訳はp. 170）

1. f<u>a</u>te
2. s<u>oa</u>p
3. b<u>oa</u>t
4. c<u>oa</u>l
5. sn<u>ow</u>
6. b<u>ow</u>l
7. We should accept our f<u>a</u>te.
8. My grandmother bought me a bar of rose s<u>oa</u>p.
9. Steve hired a fishing b<u>oa</u>t for a cruise.
10. The c<u>oa</u>l industry is not the major industry in this country.
11. It sn<u>ow</u>ed all night.
12. I ate a b<u>ow</u>l of cereal this morning.

グロスター・ロード駅前

Day 21 Sickness
体調不良

学習日

Warm-Up
目を慣らそう

CDの音声を聞いて、(　　) に語句を書き込みましょう。

CD2 19

① I've got a temperature, dizziness, a bad headache and some (　　　　).

② Yes, a general (　　　　).

③ And since you don't have stomach cramps or (　　　　), I doubt you've got food poisoning.

確認しよう！ ● 正解と聞き取りのポイント ●

① diarrhoea　② practitioner　③ vomiting

【解説】
①diarrhoeaは「下痢」という意味で、日常的に使われる単語ですので、ぜひマスターしたいところです。アメリカ英語では、diarrheaと発音に近いつづりとなります。発音は[daɪəˈrɪə]ですので、「ディア**リァ**」に近い発音となります。つづり字と発音の両方が難しい単語です。

②「一般的な開業医」のことをgeneral practitionerといい、GPと略して呼ぶことが一般的です。聞きなれない単語かもしれませんが、日常的な単語ですので、略語とともに覚えておきたいところです

③vomitingは「嘔吐」という意味の単語で、発音は[ˈvoʊmɪtɪŋ]と発音します。特に、つづり字では 'o' ですが、発音は二重母音[oʊ]となる点に注意して聞き取りましょう。

Sickness >> Day 21

Muscle Training 会話の聞き取りに挑戦

めぐみさんは体調を崩してしまいました。電話で予約をとってから病院に向かいます。

CD2 20

病院で診察する医師

1 めぐみさんと病院の受付、医者、看護師の会話を聞き取り、質問に答えましょう。

① Why did Megumi call the clinic?

② What time is the appointment?

③ Can Megumi use travel insurance at the clinic?

④ What does the doctor recommend?

⑤ What advice does the doctor give to Megumi?

✓ Check your answers!

【解答解説】（訳は巻末 p. 246）

① Because she has got a temperature, dizziness, a bad headache and some diarrhea. / Because she was afraid that she might have food poisoning.

*Making an appointment*のめぐみさんの2つ目の発言で、I've got a temperature, dizziness, a bad headache and some diarrhoea.と言っていますので、熱、めまい、頭痛、下痢の症状があることがわかります。その後、その原因がI'm afraid I might have food poisoning.と言っていますので、食中毒である可能性があることも示唆しています。

② It is 2:45 pm.

*Making an appointment*の受付係の3つ目の発言で、We don't have anything available I'm afraid until this afternoon at 2:45 PM. Would that be all right for you?と言っており、それに対してめぐみさんが、Yes, that'd be fine.と答えているので、2時45分に予約が取れたことがわかります。

③ Yes, she can, but the receptionist must check the details of her policy.

*Making an appointment*のめぐみさんの5つ目の発言で、I'm not a British citizen; I'm Japanese, but I do have travel insurance. Can I use it?と旅行保険が使えるかを尋ね、それに対して、受付係はYes, but I'll have to see the details of your policy.とめぐみさんが加入している保険内容を確認する必要性を示唆しています。

④ He recommends some over-the-counter medicine.

*Entering treatment room*の医者の4つ目の発言で、I'm just going to recommend some over-the-counter medicine.と言っていますので、市販薬を勧めています。

⑤ He advises her to drink plenty of fluids.

*Entering treatment room*の医者の4つ目の発言で、Make sure you drink plenty of fluids.と言っていますので、水分をたくさんとることを勧めています。

Sickness >> Day 21

2 CDの会話をもう一度聞きながら、目で確認しましょう。

Megumi : **M**　Receptionist : **R**　Nurse : **N**　Doctor : **D**

Making an appointment

R : Thank you for calling the Hale Medical Clinic. How can I help you?

M : I'd like to make an appointment ... for today if possible.

R : Is it an emergency?

M : I don't think so ... I'm not sure really. I've got a temperature, dizziness, a bad headache and some diarrhoea. ① I'm afraid I might have food poisoning.

R : OK. We don't have anything available I'm afraid until this afternoon at 2:45 PM. ② Would that be all right for you?

M : Yes, that'd be fine.

R : Could I have your name, please?

M : It's Megumi Nakahara. M-E-G-U-M-I. Last name : N-A-K-A-H-A-R-A.

R : OK, I've got you down for 2:45 PM.

M : Oh, one more thing : I'm not a British citizen; I'm Japanese, but I do have travel insurance. Can I use it?

R : Yes, but I'll have to see the details of your policy. ③ You might have to pay when you come and then claim a refund when you get back to Japan.

M : Oh, I see. And how much is it likely to cost?

R : It's 67 pounds 49 for a 15-minute appointment. An hour's consultation would be 225 pounds. But if it's something straightforward, it shouldn't take that long. Any medicines you are prescribed will be extra.

M : I see. So I'll see a normal doctor, then? Not a specialist, I mean.

R : Yes, a general practitioner.

At Doctors

M : Hi, my name is Megumi Nakahara. I'm here for my 2:45 appointment.

N : Please have a seat and fill out these forms. When you finish, bring them back to me.

M : Thank you.

[LATER]

Entering treatment room

D : Please have a seat. I'm Dr Collins. And you're Ms Nakahara, correct?

M : That's right. Pleased to meet you, doctor.

D : I read your patient file : headache, fever, dizziness, and diarrhoea. Is that right?

M : Yes, that's about it.

D : Any additional symptoms?

M : No ... I don't think it's that serious. But ... I guess I'm just worried — especially about food poisoning.

D : Your symptoms don't sound serious. And since you don't have stomach cramps or vomiting, I doubt you've got food poisoning. I'm just going to recommend some over-the-counter medicine: ④ Ibuprofen, as well as some Imodium for the diarrhoea — although that should go away on its own after a day or so. Make sure you drink plenty of fluids. ⑤
But if your symptoms persist or you feel worse, come back to me.

M : Thank you very much, doctor.

語句解説・関連語句

appointment 名	予約
temperature 名	熱
dizziness 名	めまい
headache 名	頭痛
food poisoning	食中毒
available 形	利用可能な
travel insurance	旅行保険
claim a refund	払い戻しを要求する
straightforward 形	まっすぐな、問題がなければ
prescribe 動	処方する
general practitioner	一般的な内科医
fill out	～に必要事項を書き入れる
symptom 名	症状
stomach cramp	激しい腹痛、お腹の差し込み
vomiting 名	嘔吐
recommend 動	勧める
over-the-counter medicine	市販薬
Ibuprofen[*1] 名	イブプロフェン
Imodium[*2] 名	イモディウム
fluid 名	液体
persist 動	根強く持続する、ずっと長引く

【注】
[*1] 消炎鎮痛作用のある薬剤
[*2] 腸の働きを整え、下痢を止める作用のある薬剤

●病院に行く際に役に立つ英語表現

stuffy nose	鼻づまり
running nose	鼻水
cough	咳（発音注意[kɒf]「コフ」）
chill	悪寒
palpitation	動悸
constipation	便秘
bitten	（虫に）さされる、（動物に）かまれる
cut	切る
twist	ひねる
blood type	血液型
chronic disease	持病
ointment	軟膏
pain	痛み
compress	湿布

Point Lesson　並列を示す際のイントネーション

イギリス発音に慣れよう

CD2 21

　イントネーションとは、声の高さの変動で、基本的に文単位で現れます。文に付与されたイントネーションは、**話者の意図**を示すのです。簡単に言えば、イントネーションが下がっている場合には、**文の完結、断定**などを表しますが、イントネーションが上がっている場合には、**質問、継続**などを表すということです。

　したがって、誤ったイントネーションを使用してしまうと、聞き手に間違ったメッセージを伝えてしまいます。逆に、聞き手は、イントネーションから伝わる話者の意図を正確に聞き取る必要があるのです。

　たとえば、飛行機の中で、客室乗務員がFish（↗）or meat（↘）?といった場合には、選択肢が、「魚か肉の2者択一」であることを示唆していますが、Fish（↗）or meat（↗）?といった場合には、「魚か肉以外にも選択肢があること」を暗示しているのです。

　つまり、並列関係を示す際のイントネーションの場合には、最後の項目のイントネーションを下げると、そこまであげた項目が選択肢なのですが、最後の項目のイントネーションを上げると、それ以外にも項目があることを示唆しているのです。

　具体的に言うと、A～Eまでが選択肢だと仮定すると、A（↗）, B（↗）, C（↗）, D（↗）and / or E（↘）.となり、これが通常の5択の選択肢を表すイントネーションの型（パターン）となるのです。

　この点に気を付けて、イントネーションの練習をしましょう。

ロンドン大学病院前

Sickness >> Day 21

発音レッスン　イントネーションに気を付けて以下の文を練習しましょう。（例文の訳はp. 170）

1. Tom or Bob ↘ ?
2. Tom or Bob ↗ ?
3. Apple, orange or carrot ↘ ?
4. Apple, orange or carrot ↗ ?
5. Coffee, tea, espresso or cappuccino ↘ ?
6. Coffee, tea, espresso or cappuccino ↗ ?
7. We will visit Big Ben, the Houses of Parliament, London Bridge and London Eye ↘ .
8. We will visit Big Ben, the Houses of Parliament, London Bridge and London Eye ↗ .
9. I would like tomato, ham, egg and salami ↘ .
10. I would like tomato, ham, egg and salami ↗ .
11. Cheddar, mozzarella, blue cheese or cream cheese ↘ ?
12. Cheddar, mozzarella, blue cheese or cream cheese ↗ ?
13. Would you prefer blue, pink, yellow, green or brown ↘ ?
14. Would you prefer blue, pink, yellow, green or brown ↗ ?

Week 3 発音レッスンの英文訳

Day 15 (p. 124)
6. 京都の一番良い季節は春です。
7. 縛るためのひもをくださいませんか。
8. 私は昨日、足首を捻挫してしまいました。
9. あなたはもっと練習する必要があります。
10. 私たちは今年は7周年を迎えます。

Day 16 (p. 132)
7. 私には14人のいとこがいます。
8. 1クラス50人の生徒（学生）がいます。
9. わたしは60年代の歌が好きです。
10. ジョンが妻と最初に出会ったのは17歳のときでした。
11. 私の祖母は80歳を超えています。
12. メアリーは1990年代に大学に入学しました。

Day 17 (p. 139)
6. 婚約の際にはダイヤの指輪を買う人が多いです。
7. 私はとても急いでいます。
8. 私の誕生石はルビーです。
9. ジェリーは父親を非常に尊敬しています。
10. 息子さんがロックバンドに入っていることをご存知ですか。

Day 18 (p. 146)
7. 肉料理と魚料理、どちらがよろしいですか。
8. チャーハンを頼みますか。
9. 今日は、ひっきりなしに来客がありました。
10. ジョシュはクモが苦手です。
11. その新聞（論文）は現在の景気動向に焦点を当てています。
12. 泡立てた牛乳を足してくださいますか。

Day 19 (p. 154)
8. そのウエイターは飲み物をトレイに載せて運んでいます。
9. ポールは友達をひどい目に合わせました。
10. 私は普段電車に乗って通学します。
11. 何か飲みましょう。
12. 私の母はイギリスのドラマを見るのが大好きです。
13. 私は海沿いをドライブしていました。

Day 20 (p. 161)
7. 私たちは、運命を受け入れなければなりません。
8. 祖母は私にバラの棒状石けんを一本買ってくれました。
9. スティーブはクルージングのためにフィッシング用の船を借りました。
10. 石炭産業は、この国の主要産業ではありません。
11. 雪が一晩中降りました。
12. 私は今朝、シリアルをボウル一杯食べました。

Day 21 (p. 169)
1. トムかボブのどちらですか。
2. トムかボブか、それともほかのだれかですか。
3. リンゴ、オレンジ、ニンジンのうちのどれにしますか。
4. リンゴ、オレンジ、ニンジンなどがありますが、どれにしますか。
5. コーヒー、紅茶、エスプレッソとカプチーノがございますが。
6. コーヒー、紅茶、エスプレッソ、カプチーノなどがございますが、お飲み物はいかがなさいますか。
7. 私たちはビッグベン、国会議事堂、ロンドン橋、ロンドン・アイに行きます。
8. 私たちはビッグベン、国会議事堂、ロンドン橋、ロンドン・アイなどに行きます。
9. トマト、ハム、卵、サラミがほしいです。
10. トマト、ハム、卵、サラミなどがほしいです。
11. チェダーチーズ、モッツァレラチーズ、ブルーチーズ、クリームチーズのうちのどれがよろしいですか。
12. チェダーチーズ、モッツァレラチーズ、ブルーチーズ、クリームチーズなどがありますが、チーズはどうなさいますか。
13. 青、ピンク、黄色、緑、茶色のうちのどれがよろしいですか。
14. 青、ピンク、黄色、緑、茶色などがありますが、何色がいいですか。

Week 4

トレーニング第4週

Day 22
⌄
Day 27

ロンドンの魅力を堪能しためぐみさんは、郊外のコッツウォルズへのツアーに一人で参加することにしました。
旅も終わりに近づいてきましたが、帰国までのあと1週間を楽しみましょう。

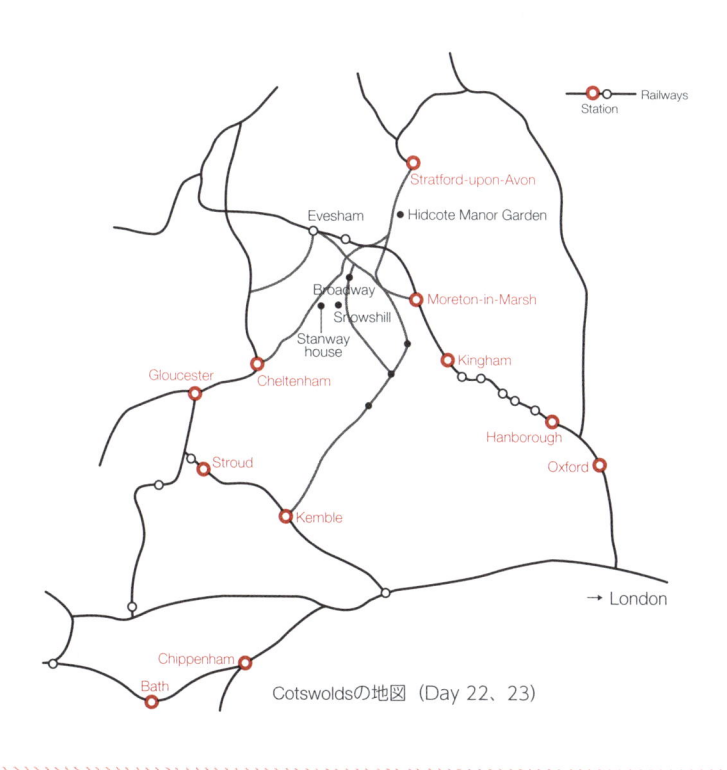

Railways
Station

Stratford-upon-Avon
Evesham ● Hidcote Manor Garden
Broadway
Snowshill
Stanway house
Moreton-in-Marsh
Gloucester Cheltenham
Kingham
Stroud
Hanborough
Kemble
Oxford
→ London
Chippenham
Bath

Cotswoldsの地図（Day 22、23）

Day 22: Making a Reservation — the Cotswolds

コッツウォルズのツアーに申し込む

Warm-Up

CDの音声を聞いて、（　　）に語句を書き込みましょう。

① I read about them on a hotel (　　　　).

② It's a (　　　　) tour essentially, but you'll also get the chance to take a guided tour of each attraction on foot.

③ 79 pounds for adults, 69 pounds for children, and 76 pounds for (　　　　).

確認しよう！　● 正解と聞き取りのポイント ●

① flier　② coach　③ pensioners

【解説】

①flierは「ビラ、ちらし」のことです。めぐみさんはアメリカ英語寄りの発音をしていますので、/r/の発音が強く聞こえます。イギリス英語とは違う発音である点に注意しましょう。

②coach[kəʊtʃ]はイギリス英語で「長距離バス」のことを指します。日常的によく使われるので、覚えておきたい単語です。

③pensionersの第2音節と第3音節が弱く発音されているので、少し聞きづらいところです。聞き取れない場合には、何度か注意深く聞いて、理解を深めることをおすすめします。

Making a Reservation — the Cotswolds >> Day 22

会話の聞き取りに挑戦 Muscle Training

めぐみさんは「英国で一番美しい村」とも言われるコッツウォルズへのツアーへの参加を申し込みます。

CD2 23

旅行代理店と電話

1 めぐみさんと、旅行代理店の係員の会話を聞き取り、質問に答えましょう。

① What is included in the coach tour?

_____

② Where is the meeting point of the tour?

_____

③ What day did Megumi book?

_____

④ Do Megumi, Jenny and Harry go to the tour?

_____

⑤ Does Megumi have a mobile phone?

_____

☑ Check your answers!

【解答解説】（訳は巻末 p. 247）

① It includes a 2-course lunch and refreshments along the way.

めぐみさんによる3つ目の発言で、Are meals included? と尋ね、それに対する旅行会社のスタッフの3つ目の発言で、Yes, you'll receive a 2-course lunch, as well as refreshments along the way. といっていますので、2品のランチとリフレッシュメント（スナックと飲み物）がツアーには含まれています。

② The coach will come to Millennium Bailey's Hotel.

めぐみさんの6つ目の発言で、Ummm ... where do the tours leave from? と聞いているのに対して、旅行会社のスタッフはFrom 210 hotels all over London. Where are you staying? と尋ねています。この発言から、主要なホテルへのピックアップを行っています。それに対して、めぐみさんはAt the Millennium Bailey's, in Kensington. と答え、旅行会社のスタッフはYes, we pick up guests there. と言っているので、めぐみさんが滞在しているホテルに来てくれることがわかります。

③ On the 9th of February.

めぐみさんの9つ目の発言に、明確にThe 9th of February. とあります。アメリカ英語の場合は、月、日の順（E.g. 9th February）ですが、イギリス英語の場合は、日、月の順にいうのが一般的です。

④ No, only Megumi does.

旅行会社のスタッフの9つ目の発言に、And how many in your group? と尋ねますが、それに対してめぐみさんはJust me: one adult. と言っていますので、めぐみさんが一人でツアーに参加することがわかります。

⑤ Yes, she does.

めぐみさんの14個目の発言で、自分の携帯電話番号を866-903-1227と言っていますので、携帯電話を持っていることがわかります。

Making a Reservation — the Cotswolds >> Day 22

2 CDの会話をもう一度聞きながら、目で確認しましょう。

Megumi : **M**   Representative : **R**

Call Tour Agency

M: Hello, I'm calling about your Cotswolds tours. I read about them on a hotel flier.

R: Yes, we run tours of the area. What would you like to know?

M: What's included in the tour?

R: Attractions include Broadway Tower, Stanway House and Hidcote Garden. It's a coach tour essentially, but you'll also get the chance to take a guided tour of each attraction on foot.

M: Are meals included?

R: Yes, you'll receive a 2-course lunch, as well as refreshments along the way. ①

M: Thank you. And how much does the package tour cost?

R: 79 pounds for adults, 69 pounds for children, and 76 pounds for pensioners.

M: I'm in London at the moment. Where can I join the tour?

R: I'm sorry?

M: Ummm ... where do the tours leave from?

R: From 210 hotels all over London. Where are you staying?

M: At the Millennium Bailey's, in Kensington.

R: Yes, we pick up guests there. ② Would you like to sign up?

M: Hmmm ... Yes, I would.

R: For what date, please?

M: The 9th of February. ③

R: And how many in your group?

M: Just me : one adult. ④

R: And you're departing from the Millennium Bailey's Hotel?

M: Yes, I am.

R: Can I have your name, please?

M: It's Megumi Nakahara. My first name is spelled M-E-G-U-M-I, the last name is N-A-K-A-H-A-R-A.

R: And I'll need your credit card number to hold your seat.

M: OK. I have a JCB Card. The number is 294-18327 ...

R: Thank you. And what's your contact number ... do you have a mobile number?

M: <u>866-903-1227.</u> ⑤ Oh, by the way, what time does the coach leave?

R: 6:30 AM.

M: That's fine. I'm really looking forward to it.

語句解説・関連語句

Cotswolds[*1] コッツウォルズ地方
attraction 名 アトラクション
Broadway Tower[*2] ブロードウェー・タワー
Stanway House[*3] スタンウェー・ハウス
Hidcote Garden[*4] ヒドコート・ガーデン
coach 名 長距離バス((イギリス英語))
essentially 副 基本的に
on foot 歩いて

receive 動 受け取る、提供される
refreshments 名 (軽食用の)飲み物、軽食
pensioner 名 年金受給者
at the moment 現在
sign up 参加の意を表明する
depart 出発する
hold one's seat 席を確保する

【注】
*1) イギリスの中部にある丘陵地帯で、グロスタシャー(州)、サマーセット(州)、ウースターシャー(州)、ウォリックシャー(州)、ウィルトシャー(州)などにまたがる地域のことを言います。中世には羊毛で栄えた地域で、Cotswoldsは「羊の丘」という意味です。現在は酪農や農業が盛んで、石灰岩を使った古くからの家が多いのどかな田園地帯として知られています。典型的な「イギリスの田園風景」を求めて、毎年多くの観光客がこの地を訪れます。

*2) ウースターシャーにある建築物で、1797年にのろしを上げる城塞風の塔として建てられました。海抜300mほどのところにあり、17mの高さを誇るため、13の州からこの塔が見えます。ちなみに、イギリスでは、1000m級の高い山はほとんどありませんので、海抜300mのところでのろしを上げても、周りからよく見えるという事情があります。

*3) グロスタシャーにあるマナーハウス(領主の館)です。詳しくは**Day 23**を参照してください。

*4) コッツウォルズ地方にあるマナーハウスの敷地内にあるイギリス式庭園(イングリッシュガーデン)です。詳しくは**Day 23**を参照してください。

ブロードウェー・タワー

Making a Reservation — the Cotswolds >> Day 22

●ツアーを申し込む際に覚えておくと便利な語句

make a reservation 予約する
one-day tour 一日観光
half-day tour 半日観光

admission fee 入場料
included 含まれた

イギリス発音に慣れよう

Point Lesson　数字を聞き取るコツ

　数字を聞きとるのは、意外と難しいのではないでしょうか。特に、電話番号やクレジットカードの番号など、**数字の羅列**の聞き取りは特に難しいのです。

　なぜなら、日常生活を送る上で、「これから数字の羅列を言いますよ。準備はよいですか。」と話者が事前に数字が出てくることを告げることは、まれだからです。その上、数字というのは時々聞いたり、言ったりすることはあるものの、株取引の専門家や数学者といった数字を日々扱う特定の職業の方を除いて、日常的に大量の数字を扱うことはほとんどないと言えます。したがって、数字を苦手とする学習者は多いのです。

　聞き取りのコツは、数字の羅列の中でも、**かたまり**があると思いますので、そこまでを正確に聞き取り、それを効率よく書き留めていくことです。かたまりというのは、電話番号であれば、－（ハイフン）にあたる箇所や、クレジットカードであれば、通常、4ケタごとということになります。

　数字の聞き取りが得意になるには、数字を口に出して練習することと、数字を数多く聞き取って、それをメモに書き取ってみる訓練をおすすめします。

発音レッスン まずは、以下の数字を見ずに、音声だけで数字をノートなどに書き取ってみましょう。その後は、音声の後に続いて、数字をリピートしてみましょう。一度目はテキストを見ながら、二度目はテキストを見ないで口頭で言ってみましょう。🇬🇧

1. 1425 - 2941
2. 4103 - 1938
3. 091 - 493 - 2034
4. 1042 - 1940 - 593
5. 294 - 1094
6. 8810 - 2941 - 9301
7. 4019 - 1040 - 1023 - 9902
8. 0193 - 1029 - 1039 - 1024
9. 81 - 45 - 245 - 1094
10. 119 - 203 - 401 - 1029
11. 9918 - 1921 - 0928 - 8341
12. 1029 - 5323 - 2051 - 5849

ロンドンで見つけた電話ボックス

Making a Reservation — the Cotswolds >> Day 22

Relaxation Time

『ロンドン市民の愛される日本食』

　2000年以降、日本食がイギリスで市民権を得たことに伴い、ロンドンやイギリスの主要都市でも日本食レストランが多くみられるようになりました。それも高級な日本食ではなく、ラーメンやカジュアルな寿司を扱う店が増え、人気を得ているのです。

　同時に、セインズベリーズ（Sainsbury's）、テスコ（Tesco）、ウェイトローズ（Waitrose）といったイギリスの有名スーパーでも、サンドイッチなどと並んで寿司が売られるようになりました。

　最近では、寿司に加えて、弁当がbentoとして、ロンドンのいたるところで、たとえば、主要な通りにある店やスーパーで売られています。こうした背景には、国民の健康志向への関心の高まりがあるようです。というのも、従来、イギリス人の多くは、フィッシュ＆チップスなどの揚げ物や肉類といった脂質と動物性蛋白質を多く摂取しすぎる食文化であったことから、肥満や糖尿病といった病に悩む人の数が増加しました。そうした食生活を見直そうとした結果として、健康的な日本食に対する人々の関心が高まったのです。驚くことに、ここ数年、sushiとbentoが食べられる店をロンドン市内のあちらこちらで目にします。

　写真にあるように、平日の午後にもかかわらず、bento屋の店内は込み合っていることからも、イギリスにおける日本食ブーム、bentoブームが伺えます。

スーパーで売られている寿司

ロンドンで見かけたbento屋

Day 23 Tour of the Cotswolds
コッツウォルズへ小旅行

Warm-Up
CDの音声を聞いて、(　　　) に語句を書き込みましょう。

CD2-25

① Just like the guide said, you can see 14 (　　　　　) from this place ... all the way to Wales.

② The gardens here were designed by Lawrence Johnson, a (　　　　　) gardener, originally from America.

③ Stanway House is a typical (　　　　　) (　　　　　) of the Jacobean period. It was first owned by Tewkesbury Abbey and then the Earl of Wemyss.

確認しよう！ ● 正解と聞き取りのポイント ●

① counties　② self-taught　③ manor house

【解説】
①countiesは「州」という意味です。意味を考えれば、countriesでないことは明らかですが、聞き取りの際には紛らわしいので、間違えないように注意しましょう。

②self-taughtとは「独学の」という意味です。ここでは、taughtの語末の /t/ が声門破裂音 [ʔ]（日本語の「ッ」のような音、詳しくは **Day 7** の **Point Lesson** を参照）で置き換わっていますので、/t/ が聞こえません。

③manor houseは「領主の館」という意味で、日本語式には「マナーハウス」と言います。しばしば、その発音から "manner house" だと間違える英語学習者もいますが、それは誤りですので、注意が必要です。

Tour of the Cotswolds >> Day 23

Muscle Training 会話の聞き取りに挑戦

めぐみさんが参加するコッツウォルズへのバス・ツアーが始まりました。

CD2 26

はちみつ色の家々

1 めぐみさんとツアーガイド、カナダ人旅行客との会話を聞き取り、質問に英語で答えましょう。

① What is Hill Barn Farm famous for?

___

② Where is the highest point in the Cotswolds?

___

③ What was impressive about Hidcote Manor Gardens?

___

④ What is Stanway House?

___

⑤ What is one of the most beautiful things in the world, which can be found at Stanway House?

___

☑ Check your answers!

【解答解説】（訳は巻末 p. 248）

① **They produce some of the finest, purest lavender you'll find anywhere in England.**

*During coach ride*の１つ目のツアーガイドの発言で、They produce some of the finest, purest lavender you'll find anywhere in England.と言っていますので、最高級で、最も純粋なラベンダーが取れることで有名なのがわかります。

② **It is Broadway Tower.**

*Broadway Tower*の２つ目のツアーガイドの発言で、it's one of the highest points in the Cotswolds.と言っていますので、ブロードウェイ・タワーはコッツウォルズで最も高い地点にあるものの一つであることがわかります。

③ **It was a real English garden.**

*Hidcote Manor Gardens*のめぐみさんの発言に、This is a real English garden.とあります。

④ **It is a typical manor house of the Jacobean period.**

*Stanway House and Fountain Tour*のツアーガイドによる前半の発言に、Stanway House is a typical manor house of the Jacobean period.とありますので、ジャコビアン時代（ジェームズ１世の時代）の典型的なマナーハウスであることがわかります。

⑤ **It is the water garden.**

*Stanway House and Fountain Tour*のツアーガイドによる中盤の発言に、The water garden, one of the most beautiful in the world, was most likely the creation of Charles Bridgeman.とありますので、ウォーター・ガーデン、つまり、噴水や池のある庭が有名であると言っています。

Tour of the Cotswolds >> Day 23

2 CDの会話をもう一度聞きながら、目で確認しましょう。

Megumi : **M**   Tour guide : **TG**   Canadian Tourist : **CT**

During coach ride

M : Wow! What's that? It looks beautiful.

TG : We're just outside Snowshill now, and that's Hill Barn Farm over there. They produce some of the finest, purest lavender you'll find anywhere in England. ① You can probably smell it already.

M : Mmm ... it does smell nice.

TG : There are several other farms along the way : Hill Farm, Lowerfield Farm, Tiltridge Farm ... they've got one of the few vineyards in the country there. So you can buy home-grown English wine if you want to.

Broadway Tower

M : Oh ... what's that?

TG : It's Broadway Tower.

M : A castle?

TG : No, it's not a castle, although it does look similar from a distance ... it's one of the highest points in the Cotswolds. ②

M : Can we go inside?

TG : Yes, Broadway Tower is one of our stops ... this is a good place to explore on foot.

On roof area of Tower

M : What a view!

CT : It certainly is. Just like the guide said, you can see 14 counties from this place ... all the way to Wales.

M : Are you American?

CT : No, I'm Canadian. I know our accents are similar. Let's join the rest of the group and have a look inside ...

TG : Everyone aboard please. Next up, Hidcote Manor Gardens.

Hidcote Manor Gardens

M : This is a real English garden. ③

TG : The gardens here were designed by Lawrence Johnson, a self-taught gardener, originally from America. The grounds are divided into what are essentially 'outdoor rooms'. Part of it has been left to grow semi-wild, while the other part of it has been exquisitely crafted. Next, on to Stanway House.

Stanway House and Fountain Tour

TG : Stanway House is a typical manor house of the Jacobean period. ④ It was first owned by Tewkesbury Abbey and then the Earl of Wemyss. The water garden, one of the most beautiful in the world, was most likely the creation of Charles Bridgeman. ⑤ The grounds also include a fountain that shoots water up 300 feet. It's the tallest such fountain in the world — even taller than the Fountain of Fame in Segovia. There are a total of eight ponds on the property ...

ヒドコート・マナー・ガーデン

Tour of the Cotswolds >> Day 23

📖 語句解説・関連語句

Snowshill[*1] 名　スノーシル
Hill Barn Farm[*2] 名　ヒル・バーン・ファーム
vineyard 名　ブドウ園（発音注意 [ˈvɪnjəd]）
home-grown 形　自家栽培の
castle 名　城
explore 動　探索する
on foot 歩いて
county 名　州
accent 名　方言
similar 形　同様の
the rest その他の人々
self-taught 形　独学の
gardener 名　庭師
originally 副　もともと

ground 名　（庭の）敷地
semi-wild 形　ほぼ野生の
exquisitely 副　この上なく見事に、きわめて素晴らしく
craft 動　～を作る
Jacobean period[*3] ジャコビアン時代
creation 名　創造［物］
fountain 名　噴水
feet 名　フィート（1フィートは約30.48cm）
Fountain of Fame[*4] 名声の噴水
Segovia[*5] 名　セゴビア
pond 名　池
property 名　地所

【注】
*1)　ウースターシャー州、ブロードウェイ(Broadway)から3kmほどの丘陵地帯。
*2)　ラベンダー栽培で有名。
*3)　ジェームズ1世の治世期間（1603-1625）のことをジャコビアン時代と言い、その時代に作られた建築物、芸術作品、文学などをジャコビアン・スタイルと呼ぶことがあります。この時代に書かれた有名な作品には、ウィリアム・シェークスピアの戯曲「マクベス」などがあります。ジャコビアンとは、Jamesのヘブライ語形であるヤコブ（Jacob）の形容詞形です。英語ではJacobeanは [dʒəˈkoʊbiən] と発音します。
*4)　スペイン・セゴビア近郊の町、ラ・グランハ・デ・サン・イルデフォンソにある宮殿内の噴水。
*5)　スペインの中部にあり、元カスティリア王国の王宮所在地。

● 田園地帯を観光する際に覚えておくと便利な語句

B&B / Bed & Breakfast ベッド・アンド・ブレックファスト（朝食付き宿泊所、民宿のようなもの）

limestone[*1] 石灰岩

trout[*2] マス（魚の一種）

foot path 歩行者専用の遊歩道

private road 私道

no entry 立ち入り禁止

moor 荒れ野

via 経由して

【注】
*1) コッツウォルズの古い家は、石灰岩で作られていることが多いのです。
*2) コッツウォルズなどの川ではマスがよく釣れます。

Point Lesson：疑問文のイントネーションはアメリカ英語とイギリス英語で違う？

イギリス発音に慣れよう

CD2 27

　認否疑問文 (yes-no question) のときには、語末を上げて読む**上昇調**が使われるのが一般的です。たとえば、Are you Steve Johnson? という際には、-son で声の調子を上げるのが普通です。

　アメリカ英語の場合には、一般的に自分の声の領域の真ん中くらい、つまり通常の声の高さから、上昇する**高上昇調**が使われます。

　図に示すと以下のようになります。

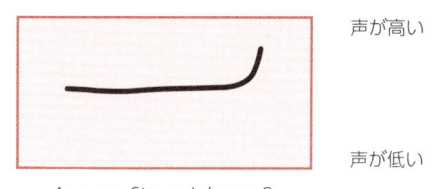

声が高い ↑
声が低い ↑

Are you Steve Johnson?

　一方で、イギリス英語の場合には、高上昇調のほかに、自分の声の領域の低いところから、高いところに上がる**低上昇調**があります。図に示すと次ページのようになります。

アメリカ英語でも、低上昇調が使われることはあるのですが、イギリス英語ほど頻繁ではありません。

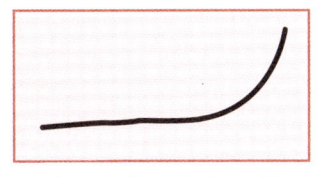

Are you Steve Johnson?

ところで、高上昇調と低上昇調の意味上の違いはあるのでしょうか。基本的には、高上昇調のほうが話している内容に対する関心の高さが高いことがわかります。

発音レッスン　以下の文章を高上昇調（アメリカ英語）、低上昇調（イギリス英語）の順にそれぞれ読んでみましょう。（例文の訳はp. 216）

1. Is it true?
2. Did you like it?
3. Are you going?
4. Is he a pilot?
5. Do you use a pencil?
6. Are you with me so far?
7. Have you ever been abroad?
8. Didn't you like the dinner at the restaurant?
9. Have you ever seen the famous garden at Hampton Court?
10. Have you ever talked to any celebrities?

Day 24 Village Restaurant Lunch
村のレストランでランチ

Warm-Up 耳を慣らそう

CDの音声を聞いて、（　　　）に語句を書き込みましょう。

CD2 28

① Yes, it's a so-called real ale (　　　　　) by CAMRA.

② Ale as it was originally (　　　　　): in wooden casks, not in metal vats.

③ I'll try Set 2: duck and (　　　　　) sausages and mashed potato in a plum gravy.

確認しよう！　● 正解と聞き取りのポイント ●

① endorsed　② brewed　③ apricot

【解説】

①endorseは「推奨する、推薦する」という意味の動詞です。音声では、-edがほとんど聞こえないのですが、byの前にほんの短い間のようなものがあること、また、文法上の観点から、これが過去分詞であることがわかります。聞き取りの際には注意が必要なところです。

②brewは「醸造する」という意味の動詞です。(1)と比べるとはっきりと-edが発音されていますが、それでも明確に /d/ に聞こえるというよりは、/t/ に近い音に聞こえます。

③apricotは、日本語式には「アプリコット」と言いますが、英語では ['eɪprɪkɒt] と発音します。最初の二重母音に注意が必要です。この語のように、外来語と英語の発音が異なっている語に関しては、聞き取りの際に注意したいところです。

Village Restaurant Lunch >> Day 24

Muscle Training 会話の聞き取りに挑戦

コッツウォルズのツアーに参加中のめぐみさんは、ほかのツアー客とともにパブでランチを楽しみます。

CD2 29

農民風ランチ

1 めぐみさんとほかのツアー客、ウェイトレス、ツアーガイドの会話を聞き取り、質問に英語で答えましょう。

① Is one drink included in the set lunch?

_____

② What drink did the waitress recommend, and why?

_____

③ What is Set 1?

_____

④ What did the Canadian tourist order together with Set 3?

_____

⑤ What did Megumi buy as a souvenir?

_____

☑ Check your answers!

【解答解説】（訳は巻末 p. 249）

① **No, it's not.**

Arriving at "Crown and Trumpet" のめぐみさんの2つ目の発言でDrinks aren't included in the set lunch, are they?と聞いていますが、それに対して、ウェイトレスはNo, I'm afraid not.と答えていますので、ランチに飲み物は含まれていないことがわかります。

② **She recommended a special beer "Ten Lords-a-Leaping," because it's only available in the winter months and it's very popular.**

Arriving at "Crown and Trumpet" のめぐみさんの3つ目の発言で、Then what would you recommend?という質問に対して、Well, we have a special beer called "Ten Lords-a-Leaping." It's only available in the winter months and it's very popular.と答えています。

③ **It is lamb sausages and mashed potato in a tomato and rosemary sauce.**

Arriving at "Crown and Trumpet" のめぐみさんの5つ目の発言に、Thanks, I'll have Set 1: lamb sausages and mashed potato in a tomato and rosemary sauce. と言っていますので、セット1の内容は、羊肉のソーセージとマッシュポテト、トマト・ローズマリー・ソースであることがわかります。

④ **He ordered the homemade soup with a crusty roll and butter.**

Arriving at "Crown and Trumpet" のカナダ人旅行客の3つ目の発言で、Worcester pie minced beef with Worcester sauce topped with mashed potato and cheese. I'll also have the homemade soup with crusty roll and butter.と言っているので、セット3に加えて、自家製スープと堅焼きロールパンのバター添えを頼んでいます。

⑤ **She bought five jars of strawberry preserve.**

*At the Kitchen Garden*のめぐみさんの1つ目の発言でOh, this looks nice. What is it?と言っているのに対して、ツアーガイドがIt's strawberry preserve.と答えています。この後、めぐみさんの3つ目の発言でI'll take five jars, then.と言っていますので、ストロベリー・ジャム（プリザーブ）を5瓶買っていることがわかります。

Village Restaurant Lunch　》》Day 24

2　CDの会話をもう一度聞きながら、目で確認しましょう。

Megumi : **M**　Waitress : **W**　Tour guide : **TG**
British Tourist : **BT**　Canadian Tourist : **CT**　Taiwanese Tourist : **TT**
Australian Tourist : **AT**

Arriving at "Crown and Trumpet"

M　: [looking around, marvelling] Oh … a fire ….
BT: You mean a fireplace? Come on, let's have a seat.
W　: Can I bring you any drinks to start off with?
M　: Drinks aren't included in the set lunch, are they?
W　: No, I'm afraid not. ①
M　: Then what would you recommend?
W　: Well, we have a special beer called "Ten Lords-a-Leaping." It's only available in the winter months and it's very popular. ②
CT: Lords-a-leaping?
W　: Yes, it's a so-called real ale endorsed by CAMRA.
TT: What's that?
W　: It's the Campaign for Real Ale. Ale as it was originally brewed: in wooden casks, not in metal vats.
M　: Then I'll order it.
TT: Me too. [A few minutes later]
W　: Are you ready to order from your lunch set?
CT: Please go ahead, miss.
M　: Thanks, I'll have Set 1 : [looking at menu] lamb sausages and mashed potato in a tomato and rosemary sauce. ③
TT: Oh, that sounds delicious! I'll try Set 2 : [reading from menu] duck and apricot sausages and mashed potato in a plum gravy.
CT: And I'd like Set 3 : [pointing at menu and reading] Worcester pie minced beef with Worcester sauce topped with mashed potato and cheese. I'll also

       have the homemade soup with crusty roll and butter. ④

AT：And I'll have Set 4: Cheddar ploughman's with pickle, mixed salad and cottage roll.

W：Can I bring you some more drinks?

All：Yes, please.

At The Kitchen Garden

TG：And remember this is your last chance to buy some of these delicious jams and preserves made right here in the Cotswolds.

M：Oh, this looks nice. What is it?

TG：It's strawberry preserve.

M：Wow, is it handmade?

TG：It certainly is.

M：I'll take five jars, then. ⑤

語句解説・関連語句

start off with　～から始める
Ten Lords-a-Leaping*1　テン・ローズ・ア・リーピング（ビール名）
available　[形]　利用可能な
ale*2　[名]　エール
endorse　[動]　推奨する、推薦する
brew　[動]　醸造する
wooden cask　木の大樽
metal vat　金属製の大樽［タンク］
lamb sausage　羊の肉を使ったソーセージ

rosemary*3　[名]　ローズマリー
plum gravy*4　プラム・グレービーソース
Worcester pie　ウースター・パイ
homemade　[形]　自家製の
crusty　[形]　堅焼きの
roll　[名]　ロールパン
ploughman*5　[名]　農作業者、農民
pickle　[名]　ピクルス、野菜の酢漬け
cottage roll　コテージ・ロール（パンの一種）
preserve*6　[名]　プリザーブ

【注】
*1)　直訳は「10人の飛び跳ねる領主」で、イギリスのクリスマス期間に歌われる数え歌 "The twelve days of Christmas" に出てくるフレーズにちなんだビールです。イギリスではクリスマス期間は12月25日から1月6日までの12日間のことを言います。

*2)　イギリス発祥の上面発酵（常温性の酵母を用いる発酵方法）ビールの総称。

*3) ハーブの一種で、肉料理の鮮度を保ち、におい消しの役割を果たすことから、ヨーロッパでは料理やハーブティーなどに使われます。
*4) グレービーソースとは、肉汁に小麦粉などを足して煮詰めたソースで、肉料理にかけて食します。プラム・グレービーは、グレービーソースに果物のプラムを足したものです。欧米では、フルーツを料理用のソースに使うのは一般的です。このソースは肉料理だけでなく、魚料理やサラダにも合います。ちなみに日本語では「グレービーソース」と言いますが、英語ではgravyにsauceの意味を含んでいますので、sauceは不要です。
*5) パンにチーズ、新鮮な野菜を合わせた、農民の伝統的なランチ。
*6) ジャムとは、砂糖と果物を煮詰めたもので、一般には果物の形が残っていないものを言いますが、プリザーブは果物の形が残っており、ジャムよりも高価なものを言います。

● パブでランチを食べる時に覚えておきたい語句

fish and chips　フィッシュ・アンド・チップス　　**scotch eggs**[*1]　スコッチエッグ

roasted beef　ローストビーフ　　**macaroni and cheese**[*2]　マカロニ・アンド・チーズ

【注】
*1) 卵をひき肉でくるみ、溶き卵とパン粉をつけて揚げたもの。軽食によく用いられます。
*2) ゆでたマカロニにチーズソースをかけたもの。軽食によく用いられます。

Point Lesson　イギリス発音に慣れよう

fireは「ファイアー」じゃない？

Day 24では、アメリカ英語を話すめぐみさんと、イギリス人ツアー客の2人が冒頭でfireという語を発音しています。

アメリカ英語の場合には、[faɪər]と発音しますので、私たち日本人英語学習者がしばしば聞きなれている発音[ファイアー]に近いのです。

一方で、イギリス英語の場合には、いくつか発音があります。まず、通常、「イギリス英語」といった場合には、**標準イギリス英語（Received Pronunciation）**のことを指しますから、その場合の発音は[faɪə]です。しかし、年配の王侯貴族などが話すタイプのRP（専門用語では、「保守的RP（Conservative RP）」と呼びます）では、**スムージング**（smoothing）*という現象が起きることから、[fɑː]とか[fɑːə]とかと発音することがあります。これは、[aɪə]という二重母音＋/ə/（これを三重母音という学者もいます）が、長母音[ɑː]、または長母音[ɑː]＋あいまい母音/ə/になることを言います。

保守的RP話者は[fɑː]と発音することが多く、それ以外は[fɑːə]と発音することが多いようです。実際に、ダイアログのイギリス人ツアー客は[fɑːə]と発音しています。

【注】* スムージングは/aɪ/または/aʊ/＋/ə/の時に起こるのが一般的です。

発音レッスン　スムージングに気を付けて、以下の発音を練習してみましょう。（例文の訳はp. 216）

(単語、例文とともに a) RPの標準的な発音⇒b) スムージング1⇒c) スムージング2の順番に読まれています)

1. fire　　　a) [faɪə] ⇒ b) [faːə] ⇒ c) [faː]
2. shower　　a) [ʃaʊə] ⇒ b) [ʃaːə] ⇒ c) [ʃaː]
3. hire　　　a) [haɪə] ⇒ b) [haːə] ⇒ c) [haː]
4. empire　　a) [ˈempaɪə] ⇒ b) [ˈempaːə] ⇒ c) [ˈempaː]
5. flower　　a) [flaʊə] ⇒ b) [flaːə] ⇒ c) [flaː]
6. We sat around the fire.
7. I was caught in a shower yesterday.
8. Our company hire people by the day.
9. My brother does the research on the Roman Empire.
10. I will buy some flowers for my mother's birthday.

Village Restaurant Lunch >> Day 24

Relaxation Time

『イギリス料理は本当にまずい？』

「イギリス料理はまずい」と思っている日本人は多いのではないでしょうか。確かに、イギリスに行くと、味の薄い肉料理、茹ですぎて色の変わった野菜などが提供されることがありますので、「おいしくない」と感じる観光客が多いのは否めません。しかし、2000年以降、その評判を世界的規模で払拭しようと、ジェイミー・オリバー（Jamie Oliver）といった若手カリスマシェフがテレビに出演するなどして、新しいイギリス料理の在り方や食育の重要性などを訴える活動が盛んになりました。国もそうしたキャンペーンに乗り出しています。こうした一連の活動が功を奏し、イギリス料理の様相が徐々に変わりつつあるのです。

しかしながら、古くからある高級イギリス料理店、たとえば、創業1798年という老舗の「ルールズ（Rules）」や著名人に愛されている「シンプソンズ・イン・ザ・ストランド（Simpson's-in-the-Strand）」などで提供される料理は絶品であることは、日本人にはあまり知られていません。

英国を代表する多くの政治家、芸術家、有名人に愛されてきただけあり、これらで出される伝統のイギリス料理は見事なのです。味のみならず、サービスも店内の雰囲気も第1級です。イギリスを訪れた際には、こうした名店に、ドレスアップをして出かけたいものです。

ルールズのローストビーフ

ルールズの外観
イギリス文化を堪能できます。

Day 25 Checking out of the Hotel
ホテルのチェックアウト

Warm-Up

CDの音声を聞いて、（　　）に語句を書き込みましょう。

① Did you have anything from the (　　　　)?

② My (　　　　) is a bit heavier because of the souvenirs.

③ Black cabs are very (　　　　).

確認しよう！ ● 正解と聞き取りのポイント ●

① mini-bar　② baggage　③ spacious

【解説】
①miniは日本語式の「ミニ」のようにはっきり言うことはありません。場合によっては、「ムニ」に近く聞こえるかもしれません。

②baggageはアメリカ英語で「手荷物」という意味です。イギリス英語ではluggageと言いますので、両方覚えておきたい単語です。

③spaciousは名詞がspaceの形容詞形で、['speɪʃəs]と発音します。「広々とした」といった意味です。

Checking out of the Hotel >> Day 25

会話の聞き取りに挑戦 Muscle Training

イギリス旅行も終わりに近づいてきました。めぐみさんはホテルをチェックアウトします。

CD2 32

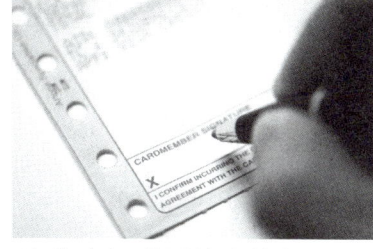

1 めぐみさんとJennyさん、Harryさん、フロント係員の会話を聞き取り、質問に英語で答えましょう。

クレジットカードの支払いにサイン

① Did Jenny and Harry help Megumi check out?

② What did Megumi have from the mini-bar?

③ How much did Megumi pay when she checked out?

④ Why was Megumi's baggage a bit heavier?

⑤ What kind of transport did Megumi use to Heathrow?

☑ Check your answers!

【解答解説】（訳は巻末 p. 250）

① No, they didn't.

*In the Lobby*でHarryさんがWe thought you might need some help checking out.と言って、チェックアウトを助けようと思っていますが、その直後にめぐみさんはHey, I can do that. Just give me a moment, please.と言って、その申し出を断っています。

② She had one bottle of water and one bottle of beer.

*At the Front Desk*で、ホテルのフロント係による3つ目の発言で、Did you have anything from the mini-bar?と尋ね、それに対して、Just one bottle of water and one bottle of beer. と言っていますので、ミネラルウォーター1本と、ビール1本を飲んだことがわかります。

③ She paid 527 pounds 19.

*At the Front Desk*のホテルのフロント係による5つ目の発言で、Just give me a few seconds please ... okay, all your charges, including taxes, come to 527 pounds 19. と言っていますので、527ポンド19ペンスを払っていることがわかります。

④ Because she bought souvenirs.

*At the Front Desk*のめぐみさんによる9つ目の発言で、My baggage is a bit heavier because of the souvenirs. と言っていますので、土産物を買って荷物が重いことがわかります。

⑤ She used a black cab [taxi].

*At the Front Desk*のホテルの受付係による10個目の発言で、You could take a taxi. と言い、その後、めぐみさんは、I just may do that.と言っていますので、めぐみさんたちはタクシーを使ったことがわかります。

Checking out of the Hotel >> Day 25

2 CDの会話をもう一度聞きながら、目で確認しましょう。 CD2 32

Megumi : **M**　Jenny : **J**　Harry : **H**　Desk Staff : **DS**

In the Lobby

M : [to friends] Oh, thanks for meeting me in the lobby so early.
J : It's no trouble at all.
H : We thought you might need some help checking out.
M : Hey, I can do that. Just give me a moment, please. ①

At the Front Desk

DS : Good morning. How may I help you?
M : I'm ready to check out. I'm in room 311.
DS : Can I see your ID? … Your passport, please?
M : Here you are.
[Megumi passes over her passport, clerk inspects]
DS : Did you have anything from the mini-bar?
M : Just one bottle of water and one bottle of beer. ② Here's my charge slip. Oh, and I made one local phone call from the room. Is there a charge for that?
DS : Yes, but it shouldn't be much.
M : What's the total?
DS : Just give me a few seconds please … okay, all your charges, including taxes, come to 527 pounds 19. ③
M : That includes both the charge for the phone calls and for the drinks?
DS : Yes, miss.
M : Okay, can I pay with the card details you've already got on file?
DS : Sure, the JCB card?
M : Yes.
DS : Okay, I'll just put that through for you … OK, please sign here.
[Megumi inspects bill, then signs and passes back]

M : Is that all right, then?
DS : Now you're all set. Thank you for staying with us.
M : Oh, I almost forgot — what's the best way to get to Heathrow? I came here by Tube but I'm thinking of going back another way. My baggage is a bit heavier because of the souvenirs. ④
DS : You could take a taxi. ⑤ There's a taxi queue just outside.
M : I just may do that. Do you think it could take me, my two friends and all my luggage?
DS : Yes, that won't be a problem. Black cabs are very spacious. ⑤

語句解説・関連語句

charge 名 費用
slip 名 伝票、小さな紙片
local phone 市内通話
detail 名 詳細
baggage 名 旅行用手荷物 ((主にアメリカ英語))

souvenir 名 土産
queue 名 列
luggage 名 手荷物、旅行鞄 ((主にイギリス英語))
black cab[*1] 黒塗りのタクシー
spacious 形 広々とした、ゆったりした

【注】
*1) ロンドンやそのほかの都市で名物の黒塗りのタクシーで、オースティン社製。

●チェックアウトの際に覚えておくと便利な語句

bill 清算書（イギリス英語）
international phone call 国際電話
valuable 貴重品

cash 現金
deposit 補償金

Checking out of the Hotel >> Day 25

Point Lesson
イギリス発音に慣れよう

/s/ の発音は意外に難しい？

CD2 33

　英語発音で意外と難しいのが、/s/ の音です。たとえば、sipとshipの場合、発音が上手にできないと、両方とも同じ発音になることがあります。

　/s/ は日本語にもあります。正確に言うと、「さ」は /sa/ のように2つの音素から成り立っているので、その前半の音ということです。

　日本語と英語の /s/ の音の違いは、舌の端、あるいは舌先を歯茎に接近させるようにして、音を作ることです。そうすると、舌の中央には、溝状の通り道ができるので、空気はそこを通過して、音が出ます。英語の場合、日本語と異なり、溝状の通り道が深いため、摩擦の音が多く、「スー」というように、歯の隙間などから、勢いよく空気が出るのです。この点に気を付けて、練習してみましょう。

　しっかりと息が出ているかを確認するために、手や鏡、ティッシュペーパーを口の前にかざすのも一案です。

発音レッスン　下線部に気を付けて、発音を練習してみましょう。（例文の訳はp. 216）

1. sip
2. special
3. swing
4. passive
5. pass
6. bus
7. boss
8. France
9. I sipped a mug of hot chocolate.
10. You are very special to me.
11. When I feel tired, I try to swing my arms.
12. Don't be so passive.
13. Pass along the bus.
14. My boss is from France.

Day 26 At the Airport
空港にて

Warm-Up

CDの音声を聞いて、（　　）に語句を書き込みましょう。

① Would you be interested in (　　　　　) to premium economy?

② Everything here seems a little (　　　　　).

③ Oh, right ... so I won't have to (　　　　　) anything back at Narita.

確認しよう！　● 正解と聞き取りのポイント ●

① upgrading　② pricey　③ declare

【解説】
①upgradingは「アップグレードすること」という意味の単語です。聞き取りの際には、-ingの部分が重要です。聞き取りの際には「イング」ではなく、「イン」くらいにしか聞こえないので、注意が必要です。

②priceyは「高価な」という意味の形容詞で、名詞形はpriceです。このpriceyはあまり聞きなれない単語かもしれませんが、expensiveよりはカジュアルな言い方で、普段よく使うので、覚えておきたい単語です。

③declareはイギリス英語では [dɪˈkleə] と発音しますので、第1音節の「ディ」の部分が明確に発音されるのですが、アメリカ英語の場合は [dɪˈkleər] となり、第1音節がやや曖昧になります。めぐみさんは後者の発音で発音していますので、第1音節がやや聞き取りづらいかもしれません。

At the Airport >> Day 26

会話の聞き取りに挑戦
Muscle **T**raining

めぐみさんが空港のチェックインカウンターで搭乗手続きをしています。いよいよロンドンともお別れです。

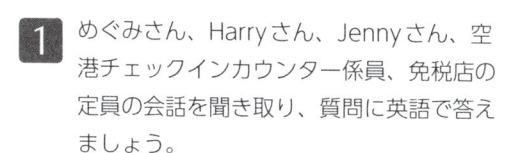

CD2 35

出発ターミナル

1 めぐみさん、Harryさん、Jennyさん、空港チェックインカウンター係員、免税店の定員の会話を聞き取り、質問に英語で答えましょう。

① What time does the flight leave for Tokyo?

② How much does it cost to upgrade to premium economy?

③ Which terminal and gate did Megumi use?

④ What did Megumi buy for her father?

⑤ Was Megumi happy with the gift-wrapping?

✓ Check your answers!

【解答解説】（訳は巻末 p. 251）

① It leaves at 10:35 AM.

At the Ticket Counter でめぐみさんが Hi, I'm here for a 10:35 AM flight to Tokyo. It's JAL Flight 924. と言っていますので、めぐみさんの乗る飛行機は10:35に発つことがわかります。

② It costs 132 pounds 90.

At the Ticket Counter で空港チェックインカウンター職員の4つ目の発言で、132 pounds 90. と言っていますので、プレミアムエコノミークラスへのアップグレードでは132ポンド90ペンスかかります。

③ She used Terminal 3, Gate 24.

At the Ticket Counter で空港チェックインカウンター職員の5つ目の発言で、You'll be leaving from Terminal 3, Gate 24. と言っています。ちなみに、2013年現在、ヒースロー空港にはターミナルが5つあります。

④ She bought Johnny Walker Black Label.

Duty Free のめぐみさんの3つ目の発言で、Hmm ... I think I'll buy a bottle of this Johnny Walker Black Label for my father. と言っています。ジョニーウォーカーはスコッチウィスキーの世界的なブランドで、ブラックレーベルは12年以上の熟成をしているものを言います。

⑤ Yes, she was.

Duty free の店員の3つ目の発言で、Would you like me to gift-wrap it for you? と聞いているのに対して、めぐみさんは Is that extra? と追加料金を聞いていますが、店員が No, miss. と言って無料であることを伝えると、めぐみさんは Oh, OK ... go ahead, then. と言っていますので、ラッピングを頼んだことがわかります。

At the Airport >> Day 26

2 CDの会話をもう一度聞きながら、目で確認しましょう。

Megumi : **M**   Desk Staff : **DS**   Jenny : **J**   Harry : **H**   Shop Clerk : **SC**

At the Ticket Counter

M : Hi, I'm here for a 10:35 AM flight to Tokyo. ① It's JAL Flight 924.
DS : Could I see your passport, please?
M : Here you are. Oh, if possible, could I request a window seat?
DS : Let me check to see if any are left ... yes, we have just two left. Would you like one?
M : Yes, please.
DS : Would you be interested in upgrading to premium economy?
M : How much extra would that be?
DS : 132 pounds 90. ②
M : Oh, no thank you.
DS : Okay, here's your passport ... and your boarding pass. You'll be leaving from Terminal 3, Gate 24. ③
M : Thank you.

At Security

H : Well, I guess this is where we say goodbye, Megumi.
M : Oh, it seems like the time just flew past.
J : I know!
M : I hope to come back to the UK soon.
J : And next time, bring a cute guy with you! [Girls giggle.]
M : I also hope I can see you both in Tokyo soon. Then, I can be your host.
H : OK, I really hope so, too.
M : Bye, everyone!

Duty Free

M : [to clerk] Everything here seems a little pricey.
SC : But it's all duty-free.
M : Oh, right ... so I won't have to declare anything back at Narita.
SC : That's right.
M : Hmm ... I think I'll buy a bottle of this Johnny Walker Black Label for my father. ④
SC : Would you like me to gift-wrap it for you? ⑤
M : Is that extra?
SC : No, miss.
M : Oh, OK ... go ahead, then. ⑤

語句解説・関連語句

request [動] リクエストする	**duty-free** [形] 免税の
window seat 窓側の席	**declare** [動] 申告する
premium economy[*1] プレミアムエコノミー	**gift-wrap** [動] ギフト用にラッピングする
boarding pass 飛行機の搭乗券	**extra** [名] 追加料金

【注】
*1) ビジネスクラスとエコノミークラスの中間の位置にあたるキャビンクラス。このクラス設置の経緯には、エコノミークラスとビジネスクラスでサービスの差が著しかったことが一因と言われています。

● 飛行機のチェックインするに際に覚えておくと便利な語句

arrival (lobby) 到着ロビー	**seat number** 座席番号
baggage reclaim 荷物受取所	**leave on schedule** 定刻に出発する
aisle [aɪl] **seat** 通路側の席	

At the Airport >> Day 26

Point Lesson — イギリス発音に慣れよう

子音と母音は仲良し？

CD2 36

　語境界を隔てて、前の単語が子音で終わり、後ろの単語が母音で始まる際には、これらがくっついて発音されることがしばしばあります。

　たとえば、get out は「ゲット　アウト」ではなく、「ゲッ**タ**ウトゥ」となります。アメリカ英語の場合、**Day 9** の **Point Lesson** にも書きましたが、/t/ がたたき音となるので、「ゲッ**ラ**ウトゥ」となります。ですから、イギリス英語では、このような環境において素直に音がつながるということを覚えておきましょう。

　このように、英語では、前の語が子音で終わり、後ろの語が母音で始まる場合には、音がくっつくのです。この現象を「**音の連結**」と言います。

　リスニングをする際に重要なのは、この「音の連結」が、語境界を隔てておきても、それが 2 つの単語がつながっていることを理解できるか否かがポイントとなります。つまり、「ゲッ**タ**ウトゥ」と耳に入ってきたら、それが get out であることが理解できるかが重要なカギとなるのです。

発音レッスン

下線部に気を付けて、以下の発音を練習してみましょう。（例文の訳は p. 216）🇬🇧

1. [b] ＋母音　　rob a bank
2. [t] ＋母音　　get along
3. [d] ＋母音　　had an operation
4. [k] ＋母音　　take away
5. [g] ＋母音　　big apple
6. [z] ＋母音　　his arm
7. [p] ＋母音　　keep on
8. [l] ＋母音　　fill in
9. [n] ＋母音　　an egg
10. [m] ＋母音　　ham and cheese

11. Six men ro**b a** bank.
12. We must ge**t a**long with each other.
13. My grandfather ha**d an o**peration two weeks ago.
14. Ea**t i**n or ta**ke a**way?
15. You can see a bi**g a**pple in the tree.
16. His debts kee**p o**n accumulating.
17. Could you fil**l i**n the blanks?
18. If you ha**ve an e**gg allergy, you shoul**d ask a** doctor abou**t i**t.
19. I will ha**ve a** ha**m a**nd cheese sandwich.

ヒースロー空港で

At the Airport >> Day 26

Relaxation Time
『買い物で得する方法』

　イギリスを訪れた際には、様々な買い物をすることと思います。「帰りのスーツケースはお土産や買い物した品で一杯」ということも多いのではないでしょうか。ヨーロッパ製品は、日本と比べると安いので、ついついあれこれと買いたくなるものです。それをさらにお得に買い物するには、VAT（Value-Added Tax）の還付制度を活用することをおすすめします。
　というのも、ＥＵ各国では、商品に「間接税（日本の消費税のようなもの）」が課税されています。課税対象となる商品やその割合は国によって異なりますが、2014年1月現在、イギリスでは食品や子供服以外、20％の税が商品に課されています。ですから、観光客としてイギリスを訪れた際には、一定額返金してもらう制度が利用できるのです。
　ところで、返金を受ける場合には、いくつかの条件をクリアしなくてはなりません。まず、店舗によって異なりますが、一店舗で一日の合計が30ポンド以上となる必要があります。次に、商品は3か月以内にＥＵ圏内から持ち出さなくてはなりません。3つ目に、未使用の状態で持ち出し、免税手続きの際に商品の提示が求められます。
　手続きの仕方ですが、商品購入時に店員に"Tax refund, please.（免税手続きをお願いします）"とか、"VAT form, please.（付加価値税の申告書をお願いします）"とかと言って免税手続きをお願いします。そうすると、パスポート［場合によっては、帰りの搭乗券も］の提示を求められますので、それを提示すると、店側が必要な書類を作成してくれます。ただし、店舗によっては、書類を渡され、それに購入後、自分で必要事項を記入する必要もありますので、注意と確認が必要です。
　出国時に、空港内の「VATカウンター」で、未使用の商品、領収書の原本を含む書類一式、パスポートを提示して、免税手続きをします。VATカウンターは出国前と、出国後の両方にありますが、時間帯によっては非常に混むので、チェックイン前に行うことをおすすめします。
　返金方法は、①現地空港で現金で還付、②クレジットカードへの返金、③小切手での還付がありますが、旅行者には、①と②が簡単な方法ですので好まれます。ただし、①の場合は、空港ですぐに現金で受け取れますが基本的に現地通貨ポンドでの支払いとなりますし、②の場合は、返金まで1か月から2か月かかりますので、時間的余裕が必要となります。

Day 27 Flight Home
飛行機で帰国

Warm-Up

CDの音声を聞いて、（　　）に語句を書き込みましょう。

① We remind you that (　　　　) (　　　　　　) prohibit smoking on any part of the aircraft and it is not permitted to (　　　　　　) with any of the smoke alarms in the toilets.

② Please make sure both your seats and folding trays are in their full (　　　　　　) positions.

③ We are expecting some (　　　　　　) ahead so the ride may get a little bumpy.

確認しよう！ ● 正解と聞き取りのポイント ●

① **international regulations, tamper**　② **upright**　③ **turbulence**

【解説】

①internationalはアメリカ英語の場合と異なって、-ter-の部分が短く発音されるので、聞き取りの際に気を付けたいところです。また、tamperの-perの部分もかなり短いので、これも同じく注意したいところです。

②uprightは「まっすぐな」という意味です。ここでは話し手が、upに強勢（ストレス）を置いて、発音していますが、この単語は人や出てくる環境によって-rightに強勢が来る場合もあります。どちらにしても、意味は変わりません。

③turbulenceは「乱気流」のことで、発音は[ˈtɜːbjʊləns]です。よって、「トービュルンス」に近い発音となります。

Flight Home >> Day 27

Muscle Training 会話の聞き取りに挑戦

めぐみさんは機内に入りました。帰国への空の旅が始まります。

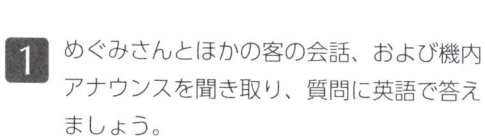

CD2 38

飛行機で東京へ

1 めぐみさんとほかの客の会話、および機内アナウンスを聞き取り、質問に英語で答えましょう。

① What instruction did a cabin attendant give passengers regarding carry-on bags?

_____

② Why are passengers not allowed to use electronic appliances?

_____

③ When do cabin attendants serve light snacks and beverages?

_____

④ What time is the estimated arrival time?

_____

⑤ When arriving, what are passengers asked to do?

_____

☑ Check your answers!

【解答解説】（訳は巻末 p. 252）

① **She asked them to stow all carry-on bags in the overhead compartments or beneath the seat in front of them.**

客室乗務員の1つ目のアナウンスで、We ask that you take your seats at this time, making sure to stow all carry-on bags in the overhead compartments or beneath the seat in front of you. と言っていますので、手荷物を頭上にある荷物入れに入れるか、または前の席の下に荷物をしまうように求めています。

② **Because they may interfere with the operation of the aircraft.**

客室乗務員の2つ目のアナウンスに At this time we request that all mobile phones, laptops and other electronic appliances be turned off, as they may interfere with the operation of the aircraft. と言っていますので、電気製品の機内での使用は運航の妨げになりうると述べています。

③ **When the plane reaches its cruising altitude of 30,000 feet.**

パイロットのアナウンスの1つ目で、After we reach our cruising altitude of 30,000 feet, cabin attendants will be serving light snacks and beverages ... と言っていますので、高度30000フィートで安定飛行になった際に、軽食と飲み物が提供されると言っています。

④ **It is 10:15 AM.**

パイロットのアナウンスの3つ目に、We're now anticipating arrival at Narita at about 10:15 AM. と言っていますので、到着予定時刻は午前10:15です。実際の到着時刻とは、ずれがあるので、間違えないようにしたいものです。

⑤ **They are asked to return to their seats, fasten their seatbelts, and make sure their seat backs and tray tables are in their upright positions.**

パイロットの最後のアナウンスで、At this time, we ask that you return to your seats and fasten your seat belts. Make sure your seat backs and tray tables are in their upright positions. と言っていますので、座席に戻り、シートベルトを締め、席とテーブルをもとの位置に戻すような指示がありました。

Flight Home >> Day 27

2 CDの会話をもう一度聞きながら、目で確認しましょう。 (CD2 38)

Megumi : **M**   Passenger : **P**   Cabin crew announcement : **CC**   Captain : **CP**

Finding Aircraft

[Megumi reaches seat section]

M : Excuse me, can I get by? I'm sitting in the window seat.

P : Of course.

CC : We ask that you take your seats at this time, making sure to stow all carry-on bags in the overhead compartments or beneath the seat in front of you. ① We remind you that international regulations prohibit smoking on any part of the aircraft and it is not permitted to tamper with any of the smoke alarms in the toilets ...

CC : We will be closing the doors to the aircraft at this time. Please make sure both your seats and folding trays are in their full upright positions. At this time we request that all mobile phones, laptops and other electronic appliances be turned off, as they may interfere with the operation of the aircraft. ②

CP : Ladies and gentlemen, your captain speaking. Our scheduled departure time is 1:30 PM and we have an estimated flight time of 11 hours and 35 minutes today. Outside, the temperature is 7 degrees Celsius with some low-lying cloud. We're scheduled to arrive at 9:05 AM tomorrow local time. The weather forecast upon arrival in Narita is for moderate winds and a temperature of 13 degrees Celsius. After we reach our cruising altitude of 30,000 feet, cabin attendants will be serving light snacks and beverages ... ③

CP : You'll notice that the seatbelt sign has been turned on. We ask you at this time to return to your seats and keep your seatbelts fastened. We are expecting some turbulence ahead so the ride may get a little bumpy.

CP : This is your captain speaking. We hope the flight hasn't been too unpleasant so far. We've had stronger headwinds than expected and that's put us behind schedule. <u>We're now anticipating arrival at Narita at about 10:15 AM.</u> ④

CP : Ladies and gentlemen, we are now on our final approach to Narita. The local time in Japan is 10:27 AM and the temperature is 12.5 Degrees Celsius with a moderate north-easterly wind. <u>At this time, we ask that you return to your seats and fasten your seat belts. Make sure your seat backs and tray tables are in their upright positions.</u> ⑤

語句解説・関連語句

get by 前を通る	**electronic appliance** 電子機器
carry-on bag 機内持ち込み用手荷物	**interfere** 動 妨げる
overhead compartment 頭上にある荷物入れ	**operation** 名 運航
prohibit 動 禁止する	**scheduled departure** 予定出発時刻
aircraft 名 航空機	**local time** 現地時間
permit 動 許可する	**moderate** 形 穏やかな
tamper with 〜をいじる	**altitude** 名 高度
folding trays （機内にある）折り畳み式のテーブル	**turbulence** 名 乱気流
laptop ノートパソコン	**upright** 形 直立の

●機内で覚えておくと便利な語句

emergency exit 非常口	**earphone** イヤホーン
anti-travel sickness 酔い止め	**green tea** 日本茶
blanket 毛布	**whiskey** ウィスキー
jet lag 時差ボケ	**wine** ワイン
sickness 吐き気	**customs declaration form** 税関申告書
feel sick 吐き気がする	

Flight Home >> Day 27

Point Lesson
イギリス発音に慣れよう

イギリス英語とアメリカ英語で発音が大きく異なる語

CD2 39

scheduleという単語はどのように発音するでしょうか。
おそらく、多くの学習者は[ス**ケ**ジュール]のように発音することでしょう。しかし、Day 27のパイロットのアナウンスでは、イギリスの典型的な発音である[**シェ**ジュール]と発音していることに気づいたでしょうか。

このように、イギリス英語とアメリカ英語では、発音が大きく異なる場合があります。日本人の多くは中学校や高校において、アメリカ式のつづりや発音を学んでいることから、話者の発音がイギリス英語とアメリカ英語で大きく異なる場合には、音声が理解につながらないことが多々あるのです。その一例がscheduleなわけです。

この問題を攻略するには、イギリス英語とアメリカ英語で発音が大いに異なる単語の発音を実際に聞いて、練習してみることが重要になります。

それでは、発音レッスンでイギリス英語とアメリカ英語の発音を練習してみましょう。

発音レッスン

以下の単語と短文をアメリカ英語⇒イギリス英語の順に練習してみましょう。
（例文の訳はp. 216）

	🇺🇸	🇬🇧
1. schedule	[ˈskedʒuːl]	[ˈʃedjuːl]
2. tomato	[təˈmeɪtoʊ]	[təˈmɑːtəʊ]
3. iron	[aɪrn]	[aɪən]
4. leisure	[ˈliːʒər]	[ˈleʒə]
5. sure	[ʃʊər]	[ʃɔː]
6. new	[nuː]	[njuː]

7. Our group started according to schedule.
8. I will have a glass of tomato juice.
9. Iron is apt to rust.
10. I have no leisure time.
11. I'm sure you'll stay on track.
12. What is your new car?

Week 4 発音レッスンの英文訳

Day 23 (p. 187)
1. 本当ですか。
2. 気に入りましたか。
3. もう行くの？
4. 彼はパイロットですか。
5. 鉛筆を使いますか。
6. ここまではおわかりですか。
7. 海外に行ったことがありますか。
8. そのレストランで夕食するのはお好きでなかったですか。
9. ハンプトンコートにある有名な庭園を見たことがありますか。
10. 有名人と話したことがありますか。

Day 24 (p. 194)
6. 私たちは、暖炉の周りに腰をかけました。
7. 昨日、にわか雨にあいました。
8. 弊社では、日給で人を雇っています。
9. わたしの兄（弟）はローマ帝国について調査研究しています。
10. 私は母の誕生日に花束を買おうと思っています。

Day 25 (p. 201)
9. マグカップに入った1杯のココアをすすりました。
10. あなたは私にとってかけがえのない人です。
11. 疲れたときは、両腕をまわしてみます。
12. そんなに消極的にならないでください。
13. バスの中ほどにお詰めください。
14. わたしの上司はフランス出身です。

Day 26 (p. 208)
11. 6人の男が銀行に押し入った。
12. お互いに仲良くしなければなりません。
13. 祖父は2週間前に手術を受けました。
14. こちらでお召し上がりですか、それとも持ち帰りですか。
15. その木に大きなリンゴがなっているのが見えるでしょう。
16. 彼の負債はたまる一方です。
17. 空欄に書き込んでいただけますか。
18. 卵アレルギーがあるのなら、医者に聞くべきです。
19. ハムとチーズのサンドイッチをお願いします。

Day 27 (p. 215)
7. 私たちのグループは、スケジュールに従って始めます。
8. 私はトマトジュースを一杯いただきます。
9. 鉄はさびやすい。
10. 私には暇な時間が全然ありません。
11. あなたはきっと物事を順調に進められますよ。
12. 新車は何ですか。

第2回
体力測定

最終日となりました。
トレーニングの成果を試す
体力測定を受けて、
英語力が伸びたかチェックしましょう。

Check Up

Day 28　第2回　体力測定

4週間のトレーニングの最終日です。1～3の問題に答え、これまでの練習でどれくらいの体力がついたか、もう一度測定をしてみましょう。判定結果が出たら、アドバイスに従って、復習を行うことをおすすめします。
緊張せずに、リラックスして体力測定を行いましょう。緊張していては、実力は出ません。

【注意】2 3の問題では、質問音声の後に20秒の解答時間がありますので、その間に解答を記入しましょう。残り5秒というところで、チャイムが鳴ります。

1 以下の単語がイギリス英語(RP)かアメリカ英語(GA)かを判断しましょう。音声は1回しか聞けません。イギリス英語なら○、アメリカ英語なら×を（　　）内に書き入れましょう。

① power (　　　　)　　② aunt (　　　　)

③ hot (　　　　)　　④ low (　　　　)

⑤ tour (　　　　)　　⑥ job (　　　　)

⑦ chair (　　　　)　　⑧ psychology (　　　　)

めぐみさんが帰国してから、JennyさんとHarryさんがビデオメッセージを送ってくれました。そのメッセージを聞き取り、質問の答えを英語で書いてみましょう。

2 JennyさんのメッセージをCDで聞いてみましょう。CDをいったん止め、以下の質問に対する答えを英語で答えてください。

① What news made Jenny think of Megumi?

② Did they go to Bucking Palace together and see the soldiers? If not, what did they see at the Palace?

③ Did they especially enjoy seeing the modern architecture at the British Museum? If not, what did they enjoy instead?

④ When did they have afternoon tea?

⑤ Where did they feel so much history?

3 Harryさんのメッセージを聞きましょう。その後で、Harryさんがみなさんに質問をしますので、メッセージの内容に沿って答えを英語で書いてみましょう。

①

②

③

④

⑤

p. 221以降の解答解説を参照して採点し、判定も書き入れましょう。**1**は正解していれば、1点としてください。**2**と**3**は一字一句あっている必要はありませんので、大体の内容があっていれば2点、一部あっていたら1点と計算してください。

第2回体力測定の結果

あなたの成績	点数	正解率	判定
1 発音聞き取り能力	/8点	%	
2 文章理解能力	/10点 (2点×5)	%	
3 文章と質問理解能力	/10点 (2点×5)	%	
総合点	/28点	%	

【判定の書き方と学習アドバイス】

AA…正解率95%以上 イギリス英語の達人に近づいてきました。「達人」を目指すべく、本書より難しいレベルの教材への移行するか、BBCなどのイギリス英語に特化したニュースを使用して更なる学習をすることをお勧めいたします。

A…正解率85%以上 全体として英語力があることが実証されました。ただし、細かいところが聞き取れているかという問題もあるので、しばらく時間を置いたら、再度、本書のダイアログを聞いてみましょう。発音レッスンも怠らないようにして、イギリス英語の達人を目指しましょう。

B…正解率70%〜84% 英語話者の言いたいことやイギリス英語発音は大まかにはわかるようです。したがって、自分の弱点がそのうちの何かということを明らかにしたら、再度、本書を用いた学習を行いましょう。

C…正解率60%〜69% 簡単な言い回しや文章であれば、理解できるようです。しかし、再度、丁寧に本書をやり直す必要があります。

D…正解率50%〜59% 何となく、感覚で英語を理解しているのかもしれません。それでは、話の大筋しかわからないことになりますので、再度、本書を利用して、細かいところの学習を弱点別に行いましょう。また、イギリス英語の発音に慣れるように再度、音声を聞きましょう。

E…正解率49%以下 イギリス英語はまだまだ苦手のようです。もう一度、本書を復習して、イギリス英語の魅力に触れてください。

Check your answers!

【第2回体力測定　解答解説】（英文スクリプトと訳は巻末 p. 226）

1
① ○　erの [r] が発音されていないことから、イギリス英語であることがわかります。
② ×　アメリカ英語らしく、最初の 'a' が [æ] と発音されています。イギリス英語では [ɑː] となります。
③ ○　hot をつづり字通りに発音していることから、イギリス英語であることがわかります。アメリカ英語では [hɑːt] と発音しますので、「**ハートゥ**」に近いのがアメリカ英語です。
④ ×　low を [loʊ] と発音しているので、アメリカ英語です。イギリス英語では、もう少し暗くあいまいな感じのする [ləʊ] となります。
⑤ ○　イギリス英語話者は [tʊə] または [tɔː] と発音します。話者は前者で発音しています。アメリカ英語なら語尾に [r] が発音されます。
⑥ ×　アメリカ英語では 'o' を [ɑː] と発音します。「**ジョブ**」というよりは、「**ジャーブ**」に近い発音になります。
⑦ ×　rの部分がr音化されて、アメリカ英語らしい発音が聞かれます。
⑧ ○　chol の部分の母音が [ɒ] と発音しているので、イギリス英語であることがわかります。アメリカ英語では [ɑː] となるからです。

2
① **The birth of Prince George.**

最初に、I saw some news reports on the telly about the birth of Prince George〜 （ジョージ王子の誕生に関するニュースをテレビで見て）と言っています。

② **Yes, they did.**

Watching the soldiers marching past と言っていますので、衛兵交代を見たことがわかります。

③ **No, they didn't. They enjoyed ancient exhibits.**

And the British Museum, wow… some of those ancient exhibits were amazing! と言っていますので、古代の展示物が素晴らしかったということになります。

④ **They had it after they looked around the exhibits.**

大英博物館に行ったことを言及した後に、Remember we had that lovely afternoon tea afterwards.と述べています。

⑤ **At Westminster.**

And then we went on our tour of Westminster!といった後に、So much history in one place!と言っています。

3 質問のスクリプトと解答

① Question Before the recording, what did I do?
Answer **You[He] went to an Arsenal match.**

始めのほうで、Just got back from an Arsenal matchと言っていますので、アーセナルのサッカーの試合の帰りであることがわかります。

② Question What did we do after the football match?
Answer **You[They] had a pub meal.**

サッカーの試合に言った後に、Not to mention the pub meal afterwards.と言っていますので、パブでご飯を食べたことがわかります。

③ Question Did we go to the Emirates Stadium to watch the football match?
Answer **No, you[they] didn't.**

The next time you're in London, we'll have to visit the Emirates Stadium.と言っているので、今回は行っていないことがわかります。

④ Question Did we go on the Thames cruise to look at the London Eye?
Answer **No, you[they] didn't.**

And of course the London Eye—a real bird's eye view of London!の発言から、ロンドン・アイに言ったことわかりますが、その直後の発言には、And the Thames cruise.と言っているので、ロンドン・アイを見るために、テムズ川クルーズに行ったわけではないことがわかります。

⑤ Question Did Megumi, Jenny and I go to the Cotswolds together?
Answer **No, you[they] didn't.**

Now, I'm wishing I had gone up to the Cotswolds with youと仮定法を使って述べていることから、コッツウォルズにはHarryさんは行っていないことがわかります。また、Jennyさんも行っていません。

第1回体力測定 1 のTranscription

① *M : Driver　　W : Tourist*

Man : Hi, where are you off to, then?

Woman : I'm heading to St. James Park. How long do you think it will take?

M : We're just leaving Covent Garden, and the traffic is light. I don't think it'll take more than 30 minutes, if that.

W : And how much do you think it will be?

M : I'd estimate about 10 pounds — but, again, depends on the traffic. I'll get you there as soon as I can.

② *W : Bartender　　M : Male Guest*

W : Hello, what would you like?

M : I'd like to order some fish and chips, and I could do with a pint. What have you got on draught?

W : Sussex Mild ... that's very popular.

M : Sounds good. ...

W : Here's your bill, sir.

M : OK, I'll settle up now. Here's my card.

W : Thanks very much, sir.

③ *W : Cashier　　M : Tourist*

W : Hello, how may I help you?

M : I'd like a coffee, please — large.

W : For here or to take away?

M : Take away, please.

W : Would you like something else? Some cake, perhaps, or a biscuit?

M : Something low-fat — that oatmeal and raisin biscuit looks good. I'll have one of those.

W : Okay, that comes to 4 pounds 75.

④ *W1 : Tourist　　W2 : Shop Assistant*

W1 : That shirt looks nice. Do you have it in black instead of red?

W2 : Certainly, and what size are you?

W1 : I think I'm about a UK size 10. By the way, do you take credit cards here?

W2 : Yes, of course. Would you like to try that on?

W1 : Yes, do you have a full-length mirror in the store?

W2 : Right over there, miss.

① *M : Driver　　W : Tourist*
Man：こんにちは。どちらに向かいましょうか。
Woman：セント・ジェームズ・パークまでお願いします。時間はどれくらいかかると思いますか。
M：コベントガーデンをちょうど出発したばかりで、道も混んでいません。もしそのままなら、30分かからないと思います。
W：料金はどれくらいかかりますか。
M：10ポンドくらいかと思いますが、これも混み具合によります。できるだけ目的地に早く着けるようにしますね。

② *W : Bartender　　M : Male Guest*
W：いらっしゃいませ。何にしましょう。
M：フィッシュ・アンド・チップスお願いします。あとビール1杯かな。ドラフトビールはどんなのがありますか。
W：サセックス・マイルドはどうですか。とても人気がありますよ。
M：いいですね。…
W：こちらが伝票です。
M：はい。今、支払います。クレジットカードでお願いします。
W：ありがとうございます。

③ *W : Cashier　　M : Tourist*
W：いらっしゃいませ。何になさいますか。
M：コーヒー1杯お願いします。Lサイズで。
W：こちらでお召し上がりですか。それともお持ち帰りですか。
M：持ち帰りで。
W：以上でよろしいですか。ケーキや、ビスケットはいかがですか。
M：低脂肪のものがいいかな。そのオートミールとレーズンビスケットをお願いします。それを一つください。
W：かしこまりました。合計で4ポンド75です。

④ *W1 : Tourist　　W2 : Shop Assistant*
W1：こちらのシャツはいいですね。赤ではなくて、黒はありますか。
W2：はい。いつもどちらのサイズをお召しですか。
W1：イギリスサイズだと10だと思います。ところで、クレジットカードは使えますか。
W2：はい、もちろんお使いいただけます。ご試着なさいますか。
W1：お願いします。このお店には、姿見はありますか。
W2：そちらにございます。

⑤ *Announcement*
This is the Jubilee Line train to Stanmore. Please mind the gap between the train and the platform. Let customers off the train first, please. Customers are reminded that smoking is not permitted on any London Underground train or in any station.

⑥ *M : Staff   B : Caller/Guest*
M : Queen's Theatre, how can I help you?
W : I'm calling about tickets for *Les Misérables*. What seats do you have left for today?
M : We have several in the dress circle. How many did you want?
W : Three, please.
M : For the evening performance or the matinee?
W : Matinee, please. I'd like to pay over the phone, if possible.

第2回体力測定のTranscription

2 *J : Jenny*
J : Hello, Megu, it's Jenny! I saw some news reports on the telly about the birth of Prince George, and it made me think of you. Do you remember all the sightseeing we did in London? You must remember all those palace tours we took? Watching the soldiers marching past — all those handsome young men in their uniforms! And the British Museum, wow ... some of those ancient exhibits were amazing! Remember we had that lovely afternoon tea afterwards. Oh, that was wonderful! And then we went on our tour of Westminster! So much history in one place! I hope I don't sound silly. I'm really reminiscing, aren't I? By the way, I hope that dress you bought fits well and you're getting some use out of it in Tokyo. Hope to see you again soon!

3 *H : Harry*
H : Hello, Megu, Harry here! Just got back from an Arsenal match, and it reminded me of you. I hope you remember the football match we went to. We had a great time, didn't we? Not to mention the pub meal afterwards. The next time you're in London, we'll have to visit the Emirates Stadium. Now *that's* a brilliant place to see a football match. And of course the London Eye — a real bird's eye view of London! And the Thames cruise. The city looked so different from out on the water. There are so many different ways to see the city and we managed quite a few of them. Now, I'm wishing I had gone up to the Cotswolds with you, but you seem to have got on well enough without me and Jenny there. The UK is missing you, so please come back again soon!

⑤ *Announcement*
この電車はジュビリー線スタンモア行きです。電車とホームの隙間にご注意ください。お降りのお客様を先にお通しください。ロンドン地下鉄では、すべての車内、全駅で禁煙です。

⑥ M : *Staff*　　B : *Caller/Guest*
M：クイーンズ・シアターでございます。ご用件を承ります。
W：レ・ミゼラブルのチケットの件でお電話しました。本日分だと、どのような席が残っていますか。
M：ドレス・サークル席ですと、いくつかご用意がございますが。お席は何席ご入り用ですか。
W：3席お願いします。
M：夜公演にいたしますか。それとも、マチネ［昼間］公演ですか。
W：マチネでお願いします。可能なら、この電話で支払いを済ませたいのですが。

2 J : *Jenny*
J：メグ、こんにちは。ジェニーよ。ジョージ王子のご誕生をテレビのニュースで見たわ。それで、メグのことを思い出してるの。ロンドンで観光したことを覚えている？　それから宮殿のツアーも覚えているでしょう？　衛兵が行進しているのも見たわね。若くてハンサムな衛兵が制服を着ていたわね。大英博物館も…古代の展示物は素晴らしかったわよね。それから、おいしいアフタヌーンティーをいただいたのも覚えてるかしら。本当に楽しかったわね！　それからウェストミンスターにも行ったわよね。一つの場所にたくさんの歴史が詰まっていたのよね！　馬鹿みたいって思わないでね。いろいろと思いを巡らせているのよ。ところで、買ったワンピースが似合っているといいわね。それを東京で着ているといいのだけれど。また近々会えるのを楽しみにしているわ！

3 H : *Harry*
H：やあ、メグ！　ハリーだよ！　アーセナルの試合から、ちょうど帰ってきたところなんだ。それで君のことを思い出したんだよ。一緒に行ったフットボールの試合を覚えているかな？　すごく楽しかったよね？　もちろん、その後に行ったパブでの食事も楽しかったね。今度、ロンドンに来たときには、エミレーツスタジアムに一緒に行かなくちゃね。そのスタジアムこそ、フットボールの試合を見るのに一番いい場所だから。もちろんロンドン・アイもよかったね。鳥の目で見るみたいにロンドン全景を見たね。それから、テムズ川下りも。川の水上から見ると、ロンドンはまた違って見えるからね。ロンドンを違った目線で見る方法がいろいろあったけど、それをいくつも試したね。ところで、一緒に、コッツウォルズに行けばよかったって思っているよ。でも僕とジェニーがいなくても、楽しんでたみたいだね。イギリスは君に逢いたがってるから、また近々おいで！

Day 2-27 会話、アナウンスメントの訳

Day 2　入国管理 (p. 25)

列に加わる

めぐみ：すみません。どちらの列に並べばいいですか。
入国係官1：イギリスのパスポートをお持ちですか、EU圏ですか、それともEU圏外ですか。
めぐみ：EU圏外です。日本から来たので。
入国係官1：その場合、右の列に並んでください。

入国審査

入国係官2：パスポートをお願いします。
めぐみ：お願いします。
入国係官2：日本に帰国するのはいつですか。
めぐみ：2月14日です。すみません。旅程がどこかにあるはずなんですけど。
入国係官2：大丈夫ですよ。拝見しなくて結構です。（認識用カメラを見ながら）まっすぐ見てください。
入国係官2：イギリスへの入国の目的は何ですか。
めぐみ：休暇中なので、友人に会いに行きます。
入国係官2：どれくらいの期間、滞在する予定ですか。
めぐみ：2週間滞在の予定です。
入国係官2：滞在先はどちらですか。
めぐみ：ケンジントンのミレニアム・ベイリーズ・ホテルです。
入国係官2：結構です。税関エリアに進んでください。

Day 3　国際線の到着ロビー (p. 31)

到着ロビーで会う

ジェニー、ハリー：[手を振りながら] やあ、メグ。こっちこっち。
めぐみ：ジェニーに、ハリー。迎えに来てくれて、ありがとう。
ジェニー：とんでもない。
ハリー：[荷物を見て] これ、持とうか。
めぐみ：ありがとう。でも大丈夫よ。
ハリー：[荷物を手に取る] 遠慮しないでよ。
めぐみ：どうもありがとう。[到着ロビーから歩き出す]

ロンドンに向かう

ハリー：お腹すいてない？ 軽く食べてもいいけど。
めぐみ：ありがとう。でも飛行機で食べたから。ロンドンにどうやって行くのが一番いいかしら？
ハリー：ヒースロー・エクスプレスはどうかな？
ジェニー：地下鉄の方が安いわよ。
ハリー：そうだね…。

めぐみ：予算的に厳しいから、地下鉄の方がいいわ。
ジェニー：そうね。すぐそこからピカデリー線に乗りましょう。

オイスターカードを買う
　めぐみ：オイスターカードを今買うっていうのはどうかしら？　地下鉄でもバスでもフェリーでも使えるって聞いたんだけど。
ジェニー：それはいいわね。

切符売り場で
　めぐみ：オイスターカードをお願いします。
　　職員：5ポンドです。一緒にチャージしますか。
　めぐみ：すみませんが、どういう意味ですか。チャージするって。
　　職員：カードは5ポンドですが、いくらカードに上乗せしましょうか。
　めぐみ：では10ポンド上乗せしてください。
　　職員：では、合計15ポンドになります。
　めぐみ：はい。これでお願いします。
［カードが発行される音］
　めぐみ：さあ、買えたわ。
　ハリー：よかった。これで出発の準備が整ったね。
ジェニー：じゃあ、地下鉄に乗りましょうよ。

Day 4　地下鉄 (p. 37)

地下鉄構内に入りながら
　めぐみ：電車に乗る前にオイスターカードを使うのよね。
　ハリー：そうだ。ターミナル4から乗るよ。
ジェニー：さあ、着いたわ。

地下鉄の中で
　めぐみ：いろいろな線があるのね。黄色でしょ、赤でしょ、緑でしょ、茶色でしょう。
　ハリー：コックフォスターズ行きのピカデリー線に乗るんだよ。濃い青色の線ね。色分けされた表が下にあるから、見てごらん。
　めぐみ：なるほど。
ジェニー：電車は、数分おきに来るから、そんなに待つことはないわよ。
　めぐみ：来たわ。
　ハリー：さあ、電車に乗ろうか。［地下鉄のドアが開き、全員乗り込む］
自動アナウンス：*電車とホームの隙間にご注意ください。*
　めぐみ：ロンドンの中心部までどれくらいの時間がかかるのかしら？
自動アナウンス：*この電車はコックフォスターズ行きのピカデリー線です。*
ジェニー：30分くらいよ。

Day2-27 会話、アナウンスメントの訳

アールズコート駅で

自動アナウンス：アールズコートです。ディストリクト線をご利用のお客様は、ここでお乗換えください。
ジェニー：次が私たちの降りる駅よ。めぐみのバッグを手伝ってあげましょう。
　ハリー：持ってるから、大丈夫だよ。
　めぐみ：本当にありがとう。
自動アナウンス：次はグロスター・ロード。
ジェニー：ここで降りるわよ。
　ハリー：うん。荷物をまとめなきゃ。バッグは全部ある？
　めぐみ：うん。
自動アナウンス：グロスター・ロード。お降りのお客様を先にお通しください。
　ハリー：さあ、降りよう。

Day 5　ホテルにチェックイン (p. 43)

ホテルのロビー

ジェニー：このホテルで大丈夫？
　ハリー：これがそうだよ。
ジェニー：一緒に行くわ。大丈夫かどうか心配だから。
　めぐみ：いいわよ。でも私にスタッフと話させてね。イギリスで一人で生き抜くすべを学ばなくっちゃね。
ジェニー：もちろんよ。［カウンターの方に歩いていく］
フロント係1：ミレニアム・ベイリーズ・ホテルにようこそ。いらっしゃいませ。
　めぐみ：あっ、こんにちは。予約をしたのですが。
フロント係1：お名前は？［コンピュータを見ながら］
　めぐみ：中原めぐみです。
フロント係1：名字のつづりを教えてくださいますか。
　めぐみ：エヌ、エー、ケー、エー、エイチ、エー、アール、エーです。
フロント係1：はい、承っております。12泊でございますね。よろしいでしょうか。
　めぐみ：はい、そうです。

部屋をアップグレードする

　めぐみ：あの、もし可能なら、変更したいのですが。
フロント係1：かしこまりました。何をご変更いたしましょうか。
　めぐみ：スタンダード・ルームを予約したのですが、シャワーだけでなく、浴槽があるといいなと思って。
フロント係1：かしこまりました。ではクラブ・ルームではいかがでしょうか？　すべてに浴槽がついておりますが。
　めぐみ：追加料金はおいくらですか。
フロント係1：一泊30ポンドの追加で、朝食もついておりますが。
　めぐみ：うーん、思ったより高いですが、それでお願いします。
フロント係1：こちらが318号室のキーでございます。

めぐみ：（ジェニーに）4階だから、エレベーターを使わなくちゃいけないのね。あ、つまりイギリス式には「リフト」のことね。

Day 6　ホテルのサービス (p. 51)

フロント
フロント係2：何かお探しでいらっしゃいますか。
　めぐみ：ホテルの施設についてもう少し知りたいのですが。レストランはありますか。
フロント係2：レストラン、バー、ビジネスセンターがございます。こちらがホテルのパンフレットです。こちらにいろいろ書いてございます。
　めぐみ：ありがとう。後でビジネスセンターを使うかもしれません。使うにあたって、何かに記入する必要がありますか。
フロント係2：いいえ。デビットカードかクレジットカードが必要ですが。
　めぐみ：ありがとう。ところで、アフタヌーンティーは何時からですか。
フロント係2：アフタヌーンティーは午後3時から6時でございます。
　めぐみ：ありがとう。

ガイド付きツアー［後日］
　めぐみ：すみません。ガイド付きツアーについて知りたいのですが。
フロント係2：かしこまりました。こちらにいくつかございます。たとえば、市内観光、テムズ川観光、ダブルデッカー・ツアー、コッツウォルズへの一日観光などですが。
　めぐみ：これらはすべてホテルが運営しているんですか。
フロント係2：いいえ。でも、ホテルがお勧めするツアー会社が運営しています。ほとんどがお客様割引での価格となっております。ツアーご利用でしたら、こちらで承りますが。
　めぐみ：値段は高いですか。
フロント係2：値段はまちまちです。大体、30ポンド以下ですが。高いものでは、大体50ポンドです。
　めぐみ：ありがとう。パンフレットを部屋に持って帰って、検討します。

Day 7　カフェ (p. 57)

食事の場所を探す
　めぐみ：すみません。この辺に食べるところはありますか。
フロント係2：どういったものがよろしいでしょうか。パブですとか、フィッシュ＆チップスとかでしょうか。すぐそこの角にカフェがございますが。
　めぐみ：ありがとう。そこに行ってみます。

カフェのカウンターで
　めぐみ：ツナサンドをお願いします。

ウェイトレス：こちらでお召し上がりですか、お持ち帰りですか。
めぐみ：こちらで食べます。
ウェイトレス：マヨネーズは入れますか、抜きにしますか。
めぐみ：入れてください。
ウェイトレス：トッピングは何になさいますか。トマト、レタス、キュウリなどがありますが。
めぐみ：少しずつすべて入れてください。あ、でも、キュウリは抜いてください。
ウェイトレス：お飲み物はいかがなさいますか。
めぐみ：ええと、コーヒーをお願いします。
ウェイトレス：サイズは、S、M、Lがありますが。
めぐみ：Sでお願いします。
ウェイトレス：ミルクとお砂糖は？
めぐみ：両方ください。
ウェイトレス：お待たせしました。3ポンド75です。
めぐみ：おいしそう。[お金を手渡しながら] ありがとう。

めぐみ：ところで、Wi-Fiは使えますか。
ウェイトレス：はい。カフェスープリーモにログインして、そこの窓に張ってあるステッカーのパスワードを入力してください。

Day 8　バスに乗る (p. 65)

バス停にて [ケンジントン]

めぐみ：すみません。ここからハイドパーク行きのバスは出ていますか？
地元の女性：ええ、出ていますよ。9番のバスです。そうすると、ハイドパークに止まりますから。
めぐみ：なるほど。
めぐみ：あら、ダブルデッカーだわ。
地元の女性：そう。ルートマスターね。
めぐみ：なんですか、それは？
地元の女性：古い型のダブルデッカーの一種のことね。歴史的観光名所を巡っている路線よ。
めぐみ：つまり、「ロンドンのバスツアー」のようなものですか。
地元の女性：その通りよ。持っている地図を見てごらんなさい。停留所すべてが乗っているでしょう？　それがあなたが乗るバスの路線ね。
めぐみ：ありがとうございます。ご親切に。[地元の人とめぐみが笑う]
めぐみ：(ドライバーに) オイスターカード使えますか。
運転手：もちろんです。スキャナーに平らにかざしてください。
地元の女性：一緒に2階に来ない？　景色が最高よ。道すがら、いろいろなものが見られるわよ。
めぐみ：そうですね。ありがとう。
地元の女性：あれがロイヤル・アルバート・ホールね…

地元の女性：…それから、あれがナイツブリッジ駅。
めぐみ：へえ、素敵。次が私の降りる停留所ですよね。
地元の女性：そうよ、ハイドパークで降りるならね。もう少し乗っていると、パル・マルとトラファルガー広場が見えるわよ。
めぐみ：どうやって降りるんですか。
地元の女性：ベルを鳴らすのよ。［めぐみがベルを鳴らす］
めぐみ：さよなら。あ、「チアーズ」。

到着
めぐみ：二人共、お待たせ。
ジェニー：ちゃんと来られたのね。
ハリー：バスでは、大丈夫だったのかな？
めぐみ：ええ。ルートマスターに乗ったんだけど、ここに来るまで市内観光しているみたいだったわ。
ジェニー：それは良かった。

Day 9　バッキンガム宮殿 (p. 73)

宮殿で
ジェニー：あら、ちょうど衛兵交代の時間に間に合ったわね。
めぐみ：これ、ずっと見たかったのよ。だから、すごくドキドキするわ。あれは本物の兵士なのかしら？　それとも、儀式用のためにいるだけなのかしら？
ハリー：本物だよ。ちゃんと任務についているんだよ。女王の衛兵として。彼らは…コールドストリーム近衛連隊、ウェールズ近衛連隊、スコット近衛連隊といった異なる連隊に所属しているんだ。
ジェニー：襟章、ボタン、羽根飾りで見分けることができるのよ。
めぐみ：じゃあ、スコット近衛連隊の赤い羽根飾りの写真を撮るわ。かっこいいわね。

バッキンガム宮殿　入口チケット売り場
係員：いらっしゃいませ。
めぐみ：チケットを3枚お願いします。
係員：どちらのツアーですか。
めぐみ：どれが一番見どころが多いですか。
係員：一番網羅しているツアーは、ロイヤル・デイ・アウトです。こちらですと、王室厩舎、公式諸間、クイーンズ・ギャラリーが含まれておりますが。
めぐみ：一緒に庭も見学できますか。
係員：申し訳ございません。庭は一般開放していないんですよ。
めぐみ：そうですか。では、ロイヤル・デイ・アウトでお願いします。おいくらですか。
係員：1枚46ポンドですので、合計で138ポンドです。
めぐみ：カードは使えますか。
係員：もちろんです。

Day2-27 会話、アナウンスメントの訳

王室厩舎で
ハリー：じゃあ、このアーチ道を通って、まず中庭に行こうか。
ジェニー：あ、見て。あれが王室の厩舎よ。ここに王室のパレード用の馬とか馬車とか、女王がお乗りになる車とかを置いておくのよ。王族やスタッフのための乗馬学校もあるのよ。

クイーンズギャラリー（王室美術館）
めぐみ：これらの絵画はイギリスの歴史を網羅しているのかしら？
ハリー：えーっと…。
ジェニー：ハリーっ！ 自分の国の歴史を知らないわけ？
［女子たちにからかわれて、ハリーは赤くなる］
ジェニー：メグ、これすべて、ヴィクトリア時代のものよ。だから特別なのよ。
めぐみ：そうなのね。
めぐみ：（警備員に）ここで写真をとってもいいですか。
警備員：申し訳ありません。ご遠慮ください。…
めぐみ：すみません。トイレはどちらでしょうか。あのイギリス式に言うと「女性用トイレ」ってことですけど。
警備員：そこにあります。左手ですよ。

公式諸間で
めぐみ：わぁ、すごく豪華ね。ここは王座の間よね？
ハリー：そうだよ。
めぐみ：ここには素敵な絵画がたくさんあるわね。
ジェニー：絵画の間には、もっとたくさんの絵があるわよ。
めぐみ：じゃあ、行きましょう。
めぐみ：1万枚の絵画を見たみたいだわ。すべて素晴らしかったわ！

Day 10 大英博物館 (p. 81)

ホテルの部屋で
めぐみ：どなたですか。
ジェニー：私よ、メグ。用意はいいかしら。
めぐみ：ええ。ちょうど髪を整えていたところよ。
ジェニー：ハリーがロビーで待っているわよ。
めぐみ：そう、わかったわ。大英博物館に行くのよね。ちょっと待って。もう少しで準備できるから。

博物館に到着
めぐみ：どこでチケットを買うのかしら？
ジェニー：入場料はタダよ。
めぐみ：それはいいわね。
めぐみ：あら、入場料は10ポンドって書いてあるわ。すべての入場料がタダだと思ってたのに。

係員：無料のものもありますが、特別展示は有料でご入場いただけます。

1階で
 ハリー：さあ、まず何が見たいかな？
 めぐみ：わあ。一日で見るにはありすぎるわね。
 ハリー：ローマ・ギリシャ・コレクションから見るのはどう？
 めぐみ：どこにあるのかしら。
ジェニー：1階と、その上の階よ。
[しばらくして]
 めぐみ：ねえ、見て。ここがツアーの集合場所みたいよ。個人ツアーみたいな、いろいろなツアーがあるみたいよ。
 ハリー：あるいは、マルチメディアガイドを使った対話型のツアーがあるよ。たった5ポンドだし、学生は4ポンド50だよ。
ジェニー：ランチタイムに開催されるギャラリー・ツアーはどうかしら？　タダよ。
 ハリー：いいね。
 めぐみ：「世界20都市でのロンドン展」も面白そうよ。
 ハリー：じゃあ、全部見ようよ。それに加えてもっとね。じゃあ、行こう。
 めぐみ：ロゼッタ・ストーンはすごいわね。
 ハリー：その通りだね。
 めぐみ：（係員に）すみません。これは、常設展示ですか、それとも一時展示ですか。
  係員：常設展示の1つなんですよ。
 めぐみ：ありがとうございます。

午後に
 ハリー：そろそろ休憩にしない？
 めぐみ：そうね。何か飲んでもいいわね。
 ハリー：コート・カフェではどう？
ジェニー：うーん、コート・レストランはどうかしら？　とてもおしゃれだし、値段も抑え目だから。
 ハリー：そうだね。それがいい。

Day 11　アフタヌーンティー (p. 89)

大英博物館のコート・レストランにて
 めぐみ：アフタヌーンティーはおいくらですか。
スタッフ：22ポンド50です。クリームティーでしたら、8ポンド50です。
 めぐみ：スコーンとペイストリーはわかるのですが…この「セイボリー」とはどういうものですか。
スタッフ：セイボリーは、甘くないもののことです。サンドイッチとか、ソーセージロールとか、スープとか、ジャケットポテトといったものですね。
 めぐみ：パティセリー・コーナーには、バニラスライスとか、エクレアとか、クリームホーンとかがある

Day2-27 会話、アナウンスメントの訳

のので、パティセリーとは「ペイストリーとデザート」ということですね。それから、ゼリーも。イギリス式には…「ジャム」っていうんでしたっけ。
スタッフ：そうです。
めぐみ：じゃあ、アフタヌーンティー・セット2人分。3人で分けます。
スタッフ：紅茶は何になさいますか？ イングリッシュ・ブレックファスト、アールグレイ、ジンジャー・レモン、エルダーフラワー・レモン、フォレストフルーツがありますが。
めぐみ：(他の2人に) アールグレイでもいいかしら？
ジェニー＆ハリー：もちろん。

食事中
めぐみ：なんてきれいなセッティングなのかしら。お皿のアレンジがとても好きだわ。昔はアフタヌーンティーって豊かな人のものだったのかしら？
ハリー：えーっと。
ジェニー：実際には、昔はすべての人がアフタヌーンティーを食べていたのよ。でも豊かな人は、食べ物の選択肢が広かったわけ。
めぐみ：なるほど。
ジェニー：夕飯もあったけど、それは重い食事だったのよ。
めぐみ：重いって？
ハリー：大抵、温かい食事が夕飯だったのよ。アフタヌーンティーやハイティーはもっと軽くって、サンドイッチとかケーキとか、そういったものよ。
めぐみ：興味深いわね。
ハリー：さあさあ、話すのはほどほどにして、もっと食べなくっちゃ。[笑]

食事の後で
めぐみ：チップは置いて行ったほうがいいかしら。
ハリー：強制ではないけど、丁寧な感じがするから、ほとんどの人はチップを置いていくね。
めぐみ：そうなのね。イギリスでは、支払いは割り勘にするのよね？
ジェニー：時々ね。でも今日は私のおごりよ、メグ。
めぐみ：いいの？ それなら、私がチップを置くわ。どれくらいおけばいいかしら？
ジェニー：15％で十分よ。
めぐみ：わかったわ、じゃあこれで。今日はいい日だったわ。終わっちゃうのは残念だわ。
ハリー：ねえ、まだ半日あるんだよ！[笑]

Day 12 カムデン・マーケット (p. 97)

地下鉄のカムデン・マーケット駅を出て
ジェニー：カムデン・マーケットはきっと気に入るわよ。ロンドンではユニークなところなのよ。
めぐみ：そうなの？ どんなところが特別なの？
ハリー：露店や店がたくさん軒を連ねていて、すごく芸術品っぽいものを売ってるんだよ。

めぐみ：へえ、早く行きたいわ。

露店の間で
　　めぐみ：どれにも値段がついてないわね。
　　ジェニー：露店の売り子さんに値段は聞かなくちゃいけないのよ。
　　めぐみ：そう…。
　　ハリー：もっと正確に言えば、値切らなくっちゃいけないんだよ。
　　めぐみ：つまり「取引する」ってこと？
　　ジェニー：そうだよ。交渉しなくっちゃいけないってわけ。
　　めぐみ：わかった。やってみるわ。［品物を見ながら］すみません。お土産を探しているんですが。この銀のネックレスはいくらですか。
　　売り子：12ポンド50です。
　　めぐみ：少し高いわ。
　　売り子：適正価格だと思いますよ。
　　めぐみ：9ポンドでどう？
　　売り子：駄目だよ。11ポンドより負けられないね。
　　めぐみ：まだ高いわ。じゃあ、10ポンドでどう？
　　売り子：いいよ。これっきりだ。取引成立だ。
　　ハリー：おめでとう、メグ。第1回日英貿易取引を成功させたってわけだ！［全員笑う］

カムデン・ロック橋で
　　めぐみ：あれ、カムデン・ロック橋ね。すごくいい眺めね。この水門は…いまだに使われているの？
　　ハリー：そうだよ。まだ使われているんだよ。あの船、見えるだろ？
　　めぐみ：あら、あれはフェリー？
　　ジェニー：ある意味ではそうだね。でも、水上バスっていうんだよ。リトル・ベニスまで行けるんだ。
　　めぐみ：リトル・ベニス？　初めて聞いたわ。
　　ハリー：せっかくだから乗ろう。メグにロンドンの穴場の一つを見せてあげるよ。
　　めぐみ：ぜひ行きたいわ。チケット売り場はあるかしら？
　　ジェニー：ないのよ。船の中で支払いをすればいいの。
　　めぐみ：そう。［水上バスに近づく］
　　　　　　（係員に）リトル・ベニスまでおいくらですか。
水上バスの係員：片道は7ポンド20で、往復は10ポンド30です。
　　めぐみ：割引料金はありますか。
　　　係員：あいにく、子供と65歳以上だけなんです。
　　めぐみ：わかりました。リトル・ベニスまで3人分、往復でお願いします。
　　　係員：合計で30ポンド90です。
［めぐみが支払う］
　　　係員：ありがとうございます。
　　ジェニー：メグ、これ私の分よ。
　　ハリー：これは僕の分だよ。
　　めぐみ：いいのよ。私のおごりだから。いい旅になりそうだわ。

自動アナウンス：こんにちは。ようこそご乗船いただきありがとうございます。お出口は船首と船尾にございますので、ご確認ください。消火器は後ろの出口にございます。手を船外にお出しになりませんように、常にご注意願います。緊急時には、乗務員の指示に従ってください。

Day 13　サッカーの試合 (p. 105)

スタジアムに向かって歩きながら

めぐみ：サッカーのチケットがようやく手に入ってうれしいわ。あ、イギリス式にはフットボールの試合ってことね。
ハリー：すごく楽しめると思うよ。
めぐみ：プレミアリーグの試合のチケットを手に入れるのは、とても難しいと思っていたけど。
ハリー：だから、わざわざバーミンガムに来たんだよ。アストン・ヴィラは、いわゆる、中位ランクのチームだから、チケットはほとんど売り切れにはならないんだよ。来年は定期入場券を買うんだ。そうすれば、アーセナルがホームグランドのエミレーツスタジアムでプレーするのを見られるからね。
めぐみ：私はヴィラパークで満足しているわ。スタジアム、気に入ったもの。それに、バーミンガムに来られたから。

ヴィラパークで

ハリー：今回はおごらせてよね。絶対だよ。
めぐみ：わかったわ。でも少なくてもお金は頂戴ね。自分で支払いたいから。だって、英語を練習したいんだもの。
ハリー：オッケー。じゃあ、これを持って行ってよ。［お金をメグに手渡す］

チケット売り場で

係員1：いらっしゃいませ。
めぐみ：2枚チケットをお願いします。いい席残っていますか。
係員1：トリニティーロード側のA5セクションの席がありますが。45ポンドです。ピッチがとてもよく見える席ですよ。
めぐみ：はい。ではそれを2枚お願いします。
係員1：合計90ポンドです。

試合中

サポーターたち：ララー ララー ラララララ…ヘイヘイヘイ！
めぐみ：あの人たちは、何の歌を歌っているのかしら？
ハリー：フットボールクラブの歌だよ。
めぐみ：一緒に歌わないの？
ハリー：いや。アストンヴィラのサポーターはあの歌を歌うけどね。僕はアーセナルのファンだからね。
めぐみ：そういうわけね。でもとても面白いわ。…
めぐみ：ねえ、お腹すいてない？　のどは乾いてない？
ハリー：冷たいビールなんていいね。買ってくるよ。でも1対0だから。（席を立つのは）いやだな…。

めぐみ：いいわよ。私が買ってくるわ。今回は私が払うわね。さっきチケット買ってくれたから。

フードスタンド（売店）で
係員2：いらっしゃいませ。
めぐみ：ポテトチップス2袋とビール2杯お願いします。
係員2：10ポンド20いただきます。
めぐみ：これでお願いします。[スタンドに戻る]
めぐみ：試合はどう？
ハリー：よくないね。1対0で、まだアストンヴィラが勝ってるんだよ。
めぐみ：あら、それは残念ね。ポテトチップス食べて。気分転換になるわよ。
ハリー：ありがとう。

Day 14　パブへ (p. 111)

バーミンガムのヴィラパーク近くのパブで
めぐみ：すごい試合だったわね。次回はアーセナルが絶対に勝つわよ。
ハリー：本当にそうだといいね。ところで、なんか食べに行かないかい？
めぐみ：行きましょうよ。

テーブル席に座る
　めぐみ：ここは飲み物だけじゃなくて、温かい食べ物もあるかしら？
　ハリー：あるよ。でも、テーブルに注文を取りに来てくれないから、バーで注文しなくちゃいけないんだよ。
　めぐみ：いいわ。行きましょう。
ウェイトレス：ご注文は？
　めぐみ：（ハリーに）頼んでくれるんじゃないの？
　ハリー：さっき、練習したいって言ってたじゃない。
　めぐみ：[きっぱりと]そうね。（ウェイトレスに）すみません。もう少しだけ時間がかかりそうです。
ウェイトレス：ご注文はよろしいですか？
　めぐみ：はい。ローストビーフとヨークシャープディングをお願いします。
　ハリー：それは典型的な日曜日のランチだよ。
　めぐみ：そうなの？
　ハリー：そうだよ。絶対気に入るよ。
ウェイトレス：そちらはどうなさいますか？
　ハリー：同じものを…いや、気が変わった。ソーセージとマッシュポテトにします。それから、ギネスを2杯お願いします。
[食事が来る]
ウェイトレス：お待たせしました。
　ハリー：さあ、これこそが本当のサンデーアウトだよ。つまり、サッカーの試合を見た後に、パブで昼食をとることを言うんだ。

Day 15　ウェストミンスター寺院 (p. 121)

ジェニーのアパート

ハリー：メグ、ウェストミンスター寺院に行きたいって、まだ思ってる？
めぐみ：ええ、行きたいわ。でもガイドはいないのよね？
ジェニー：メグ次第よ。ツアーガイドを付けたほうがよければ、つけることもできるけど。
めぐみ：そう。じゃあ、このうちの一つをお願いしようかしら。私が電話するわね。今では、英語で電話する自信もついてきたから。
スタッフ：[電話が鳴る] ウェストミンスター寺院インフォメーションデスクです。ご用件を伺います。
めぐみ：もしもし。ウェストミンスター寺院のツアーを予約したいのですが。おいくらなのか教えていただけますか。
スタッフ：ツアーは3ポンドですが、入場料は別料金です。
めぐみ：そうですか。そちらはいくらですか。
スタッフ：18ポンドですが、年間パスもあって、そちらは40ポンドです。もしご興味があれば、学割もありますが。
めぐみ：そうですか。ツアー付きで大人3名お願いします。
スタッフ：いつになさいますか。
めぐみ：ええと、今週の日曜日正午で。
スタッフ：申し訳ございませんが、日曜日は礼拝があるので、一般のお客様には開放しておりません。
めぐみ：では、土曜日は？
スタッフ：かしこまりました。ただ、1時半までしかございませんが。
めぐみ：では、今週土曜日の一番早い時間のツアーでお願いします。
スタッフ：かしこまりました。では、土曜日午前10時20分で承ります。

聖堂番の説明（引用）

ウェストミンスターにある聖ペテロ教会、別名ウェストミンスター寺院は、その歴史を11世紀にまでさかのぼることができます。1066年以来、英国王はこの場所で王位についてきたのです。また、エリザベス1世をはじめとする名だたる英国王の中には、この地で永遠の眠りについている王もいます。最近では、ケンブリッジ公爵ウィリアム王子と、ケンブリッジ公爵夫人となったキャサリン・ミドルトン嬢が結婚したのもこの場所です。お二人は西門、身廊を通り、聖歌隊席、聖所と、4分間かけて歩きました。この教会はダイアナ妃の葬儀が執り行われたところでもあります。

めぐみ［ひそひそ声で］：とても静かで、美しいわ。こんなところ見たことないわ。
ジェニー［ひそひそ声で］：そうね。あなたがここを見学する機会に恵まれて、本当によかったわ。

Day 16 ロンドン・アイ (p. 129)

ウェストミンスターで

　　めぐみ：ウェストミンスター寺院のは、本当にすごいツアーだったわ。
　　ハリー：気に入ってよかったよ。午後は予定がないけど、何がしたい？
　　めぐみ：ロンドン・アイも見たいし、テムズ川下りにも行きたいの。どっちがいいか決められないわ。
[ジェニーが携帯で検索する]
　　ジェニー：ねえ見て、メグ。両方できるみたいよ。
　　めぐみ：本当？　そうね。ロンドン・アイも入っているテムズ川下りのパッケージツアーがあるのね。
　　ハリー：名案だね。
　　めぐみ：賛成だわ。
　　ジェニー：このアイからスタートできるのよ。私たちはすでにウェストミンスターにいるから。このパッケージには、アイの片道フライトが含まれているのよ。
　　めぐみ：片道フライトって？
　　ハリー：1回転ってことだよ。
　　めぐみ：なるほど。1回転はどれくらいの時間がかかるの？
　　ハリー：大体30分かな。
　　めぐみ：それから、タワー・ピアまで下れるってことかしら？
　　ハリー：その通りだね。
　　ジェニー：オンラインで買えるから、あとで代金をそれぞれ払ってね。
　　めぐみ＆ハリー：わかった。
　　ジェニー：すぐに予約しちゃうわね。

アイで

券売り場の係員：次の方どうぞ。
　　ジェニー：チケット3枚を受け取りに来ました。
　　　　係員：どなたの名前で予約しましたか。
　　ジェニー：ジェニー・ウェルズです。
　　　　係員：こちらです。
　　ジェニー：ありがとう。
　　ハリー：さあ、乗ろうよ。
　　めぐみ：乗るときに、カプセルを止めてくれないのかしら？
　　ジェニー：そうね。動いている間に乗るのよ。でも、とてもゆっくりだから、問題ないわよ。
　　　　係員：カプセルにご搭乗の際には、お足元にご注意ください。
自動アナウンス：皆様の安全のために、ドアにはよりかからないでください。
　　めぐみ：ロンドンの景色がなんてすごいのかしら！　あら、このカプセルの上に書いてある表示は何かしら？
　　ジェニー：北…南…東…西…で、人が見ている方向を指しているのよ。
[めぐみが写真を撮る]
　　めぐみ：そうなのね。これは素敵な写真になるわ。
　　ハリー：そこにビッグベンがあるよ。あれはウェストミンスターだね。さっきそこにいたよね！

Day 2-27 会話、アナウンスメントの訳

ジェニー：なんていい景色なのかしら。そこにバービカンがあるわよ。
めぐみ：どれくらい高いところにいるのかしらね。
他のイギリス人乗客：135メーターの地点にいますよ。ヨーロッパでは最も高い観覧車で、世界第2位の高さを誇るんですよ。
めぐみ：へえ、ありがとうございます。
自動アナウンス：もうすぐお*出口*でございます。*荷物をお忘れになりませんよう、ご注意ください。*

Day 17 テムズ川クルーズ (p. 137)

めぐみ：ロンドン・アイはすごかったわね。これからテムズ川下りよね。
ジェニー：そうよ。私たちのパッケージツアーに含まれているから。
ハリー：ロンドンを見渡すには、すごくいい手段だね。水上バスよりもっといろいろ見られるからね。
[ジェニー、ハリー、めぐみが乗船する]
船上のスタッフ：ご乗船の際には、お足もとにご注意ください。
めぐみ：なんて素晴しいロンドンの景色なのかしら！
ハリー：そうだね、本当にすごいと思わない？　ガイドさんが、行く先々のランドマークについて説明してくれるから、聞こうよ。

ガイドによるアナウンス：こちらは最近、改装されたロイヤル・フェスティバル・ホールでございます。こちらでは、ロンドン・フィルハーモニー・オーケストラなど、多くのクラッシックの公演が行われております。次はIMAXシネマです。現在、1945年に建てられたウォータールー・ブリッジの下を通過中です。ポートランド島でとれた石を使った自浄式の橋です。なぜ自浄式かと申しますと、雨が橋をきれいにしてくれるからです。

次は、ナショナル・シアターまで来ました。内部には3つのシアターがございます。あちらの船はウェリントン号と言いまして、現在では現役を退いておりますが、浮体式の同業者組合のホールとして使われております。ITVビルに近づいてまいりました。あちらでは、たくさんの番組が作られております。実際には、かなり多くの番組が、この地区で撮影されているんですよ。それから、そう、テムズ川にはビーチがあるんですよ。サウスバンク沿いをぶらぶらと歩く人が見えると思います。
現在、ブラックフライアーズ・ブリッジの下をくぐっております。これは鉄道橋なんですよ。そして最近、鉄道橋にある地下鉄駅が改修されました。そうだ、皆さん、橋をくぐるときに、橋にいる人に手を振りましょうか！
めぐみ：なんて素敵な川下りなのかしら！

Day 18 ロンドン動物園 (p. 143)

入場門
めぐみ：ロンドン動物園にようやく来る機会に恵まれたわ。
ジェニー：楽しいに決まっているわね。早く中に入りましょうよ。

ペンギンプール
係員1：これはイングランド最大のペンギンプールです。私はベッキーと言います。一緒にトムとボブも参加してくれていますよ。私たちのペンギンプールはイギリス最大で、4種類22匹のペンギンがいます。このプールにいるペンギンは、フンボルト・ペンギン、マカロニ・ペンギン、イワトビ・ペンギン、クロアシ・ペンギンです。フェイスブックのページを持っているペンギンも、中にはいるんですよ。

トラのゾーン
めぐみ：すみません。これは何ていうんですか？
係員2：この動物はスマトラトラです。オスのジェージェーと、メスのメラティです。
めぐみ：へえ。
係員2：スマトラトラは絶滅危惧種ですので、私たちは保護したいと考えています。そして、ここで繁殖ができればと思っています。オープニング時に皆さんに来ていただきたかったです。エジンバラ公がオープニング時にお越しになったんですよ。
めぐみ：へえ。トラはパワフルね。
ハリー：お腹がへってるぞ〜！　ガルル！
ジェニー：ハリー！

熱帯雨林の棟
めぐみ：わあ、かわいい！　あれは、サルかしら？
係員2：はい、ワタボウシタマリンっていうんですよ。もともとは南アメリカの熱帯雨林か乾燥熱帯林に住んでいます。
めぐみ：そこにいるサルはすごく小さいですね。赤ちゃんですか。
係員2：そうです。お母さんから離れることができるようになって、間もないサルです。一緒に遊んでいますね。現在では、ワタボウシタマリンは絶滅危惧種なんです。正確に言うと、絶滅寸前です。
めぐみ：たくさんいい写真が撮れたわ。それに動物を至近距離で見られたし。もうすぐに手が届きそうで、触れるかと思ったわ。
ジェニー：それに飼育係の人が親切だったわね。
ハリー：本当だね。すごく楽しかったね！

Day 19 洋服を買う (p. 151)

ケンジントンハイストリート地区を歩く

めぐみ：わあ、ここは面白そうだわ。高いのかしら？
ジェニー：高いお店もあるけれど、安いお店もあるわよ。
めぐみ：ウィンドー・ショッピングにはいいところね。
ジェニー：何か買わなくていいの？
めぐみ：それほど高くなければ、ここにいるうちに何か買ってもいいと思っているわ。
ジェニー：買えるようなものを見つけてあげるから、心配しないで。
めぐみ：[意気揚々と中規模のブティックを覗き込みながら] あら、これ素敵ね。ここ入ってみましょうよ！

サイズを選ぶ

めぐみ：これ素敵ですね。でも私のサイズはあるかしら。
ジェニー：店員さんに聞いてみたらどうかしら？
めぐみ：[店員に] すみません。ちょっとよろしいですか。
店員：もちろんでございます。何かお探しですか。

品物を選ぶ

めぐみ：何か暖かい服を探しているんですが。
店員：明るい、カラフルなものがよろしいですか。あるいは、もう少し中間色のものがよろしいですか。
めぐみ：現代的で、トレンドをおさえていて、でも女性らしいものがいいですね。そういったものが何かありますか。
店員：このワンピースなどいかがでしょうか。
めぐみ：その黒はありますか。
店員：かしこまりました。こちらでございます。
めぐみ：ありがとう。試着したいのですが。
店員：サイズはいかがいたしましょうか。
めぐみ：イギリスサイズでは、8から10だと思います。
[店員が在庫を見にいく]
店員：こちらはいかがでしょうか。
めぐみ：そうですね…いいと思います。どこで試着するのかしら？
店員：フィッティングルームはそちらにございます。

試着後

めぐみ：[ジェニーに] どうかしら？
ジェニー：似合っているわよ。
店員：よくお似合いですよ。着心地はいかがですか。
めぐみ：いいです…。
店員：では、お包みしましょうか。
めぐみ：お願いします。着替えてきますね。

レジで

店員：お支払いはいかがいたしましょうか。
めぐみ：クレジットカードでお願いします。それから、VATフォームをお願いできますか？ ヒースロー空港でVATの払い戻し申告をしたいので。
[2人は外へ出る]
めぐみ：日本に帰ったら、これ、着こなせればいいんだけど。
ジェニー：心配しなくて大丈夫よ。東京で一番かっこいい女性に決まっているから。[笑]

Day 20 　道順を聞く (p. 159)

ケンジントンハイストリートの近くを歩く

めぐみ：[独り言で] 完全に迷っちゃったわ。
　　　　（年配の女性に）すみません。教えていただきたいのですが。迷子になってしまったようでして。
年配の女性：どちらに行きたいのかしら？
めぐみ：ミレニアム・ベイリーズ・ホテルです。
女性：あら、もう近くよ。
めぐみ：コートフィールド・ロードにいたのですが、アッシュバン・プレイスで間違って曲がってしまったようなんです。
女性：そうね。同じ方向をまっすぐに進めばよかったんだけど。
めぐみ：じゃあ、間違って曲がってしまったんですね。
女性：そうね。来た道をお戻りなさい。そして、コートフィールド・ロードをまっすぐ行くと、グロスター・ロードに突き当たるわ。
めぐみ：なるほど…。
女性：そして、その道（グロスター・ロード）に戻ったら、右に曲がって、そのまままっすぐよ。
めぐみ：ホテルに着くまでですか。
女性：その通りよ。すぐわかるわ。
めぐみ：ありがとうございます。
女性：どういたしまして。差支えなければ、どちらからいらっしゃったの？
めぐみ：日本からです。
女性：日本？ あら、信じられないかもしれませんけれど、私、日本に行ったことがあるのよ。
めぐみ：本当ですか。
女性：ええ。中国、韓国、日本を4週間旅行したのよ。忘れられないわ。もちろん、かなり昔のことですけれどね。あれから、きっとかなり変わったでしょうね。
めぐみ：いつかまた日本にいらしてください。
女性：[微笑みながら] 私もそうできることを願っているわ。
めぐみ：本当にありがとうございました。さようなら！
女性：さようなら！

Day 21 体調不良 (p. 165)

予約を取る

受付係：ヘール・メディカル・クリニックでございます。どうなさいましたか。
めぐみ：予約を取りたいのですが。可能だったら、今日お願いしたいのですが。
受付係：緊急でしょうか。
めぐみ：いえ、そうではないとは思うのですが、自分ではよくわからないんです。熱、めまい、ひどい頭痛があって、下痢もしているんです。食中毒じゃないかとも思って。
受付係：わかりました。申し訳ありませんが、午後2時45分以降にしか空いていないのですが。そのお時間でいかがでしょうか。
めぐみ：はい、構いません。
受付係：ではお名前をお願いいたします。
めぐみ：中原めぐみです。エム、イー、ジー、ユー、エム、アイ。名字が、エヌ、エー、ケー、エー、エイチ、エー、アール、エーです。
受付係：はい。では、午後2時45分に予約をお取りしました。
めぐみ：あと、もう一つ。私はイギリス人ではなく日本人なので、旅行保険に入っているのですが、保険は使えますか。
受付係：はい。ただ、保険の契約条件を見てみませんと。来院の際にお支払いいただいて、日本に帰国した際に払い戻しの請求をしていただくようになるかもしれません。
めぐみ：そうですか。大体、どれくらいの費用がかかりますか。
受付係：15分のご予約で67ポンド49です。1時間の受診ですと、225ポンドです。何も問題がなければ、それほど時間はかからないと思いますよ。薬を処方された場合は、別途料金がかかります。
めぐみ：わかりました。それでは、ふつうのお医者様にみていただくのですか。つまり、専門家ではないのという意味ですが。
受付係：はい。一般の内科医になります。

病院で

めぐみ：こんにちは。中原めぐみです。2時45分に予約をしました。
看護師：お座りになって、これらの書類にご記入ください。終わりましたら、こちらにお持ちください。
めぐみ：わかりました。
[その後]

処置室に入る

医師：お座りください。コリンズです。中原さんでよろしいですか。
めぐみ：そうです。よろしくお願いします。
医師：カルテを見ましたが、熱、頭痛、めまい、下痢の症状があるということで、いいですか。
めぐみ：そうです。そんな感じなんです。
医師：他に症状はありますか。
めぐみ：いいえ…それほど深刻だとは思わないのですが。でも、ちょっと心配で。特に食中毒じゃなければと。
医師：症状はそれほど深刻ではないでしょう。激しいお腹の痛みとか、嘔吐がなければ、食中毒の心配は

ありません。イブプロフェンとか、下痢のためのイモディウムといった市販薬をすすめます。でも、現在の症状は、一日か二日くらいで、自然に治ると思いますよ。たくさん液体を飲んでください。ただ、もし症状が長引いたり、ひどくなったりするようであれば、また来院してください。
めぐみ：先生、どうもありがとうございました。

Day 22　コッツウォルズのツアーに申し込む (p. 175)

ツアー会社に電話する
めぐみ：こんにちは。コッツウォルズのツアーのことでお電話をしたのですが。ホテルのパンフレットを見まして。
店員：はい。その地域のツアーをいろいろとやっております。どのようなことをお知りになりたいですか。
めぐみ：ツアーには何が含まれているのでしょうか。
店員：ツアーには、ブロードウェー・タワー、スタンウェー・ハウス、ヒドコート・ガーデンが含まれています。基本的に長距離バスツアーですが、現地でガイドと一緒に歩いて回り、そこでいろいろとガイドが説明します。
めぐみ：食事はついていますか。
店員：はい、2コースの昼食がついています。それから途中でお配りする軽食と飲み物がついております。
めぐみ：ありがとうございます。そのツアーはおいくらですか。
店員：大人は79ポンド、子供は69ポンド、年金受給者は76ポンドでございます。
めぐみ：現在、ロンドンにいるのですが、どこでツアーに合流できますか。
店員：どういう意味でしょうか。
めぐみ：あのー、ツアーはどこから出発するのですか。
店員：ロンドンにある210のホテルから出発しております。現在、どちらにお泊りですか。
めぐみ：ケンジントンにあるミレニアム・ベイリーズです。
店員：はい、そちらのホテルへの送迎が可能です。お申込みになりますか。
めぐみ：ええと、お願いします。
店員：いつがよろしいですか。
めぐみ：2月9日で。
店員：何人ですか。
めぐみ：私だけですので、大人1名で。
店員：ミレニアム・ベイリーズ・ホテルからのご出発ですね。
めぐみ：そうです。
店員：お名前をお願いします。
めぐみ：中原めぐみです。名前のつづりは、エム、イー、ジー、ユー、エム、アイで、名字がエヌ、エー、ケー、エー、エイチ、エー、アール、エーです。
店員：席を確保するために、クレジットカードの番号が必要なのですが。
めぐみ：わかりました。JCBカードで、番号は、294-18327…です。
店員：かしこまりました。連絡先をお願いします。携帯電話はお持ちですか。

Day 2-27 会話、アナウンスメントの訳

めぐみ：866-903-1227です。ところで、バスが出発するのは何時ですか。
店員：朝の6時半です。
めぐみ：わかりました。とても、楽しみにしています。

Day 23　コッツウォルズへ小旅行 (p. 183)

長距離バスの道中で

めぐみ：わあ！　あれは何かしら？　すごくきれいだわ。
ツアーガイド：ただいま、スノーシルに到着しました。あちらにあるのが、ヒル・バーン・ファームです。イギリスでもっとも上質で、混じりけのないラベンダーが取れるんですよ。すでに匂っていることと思います。
めぐみ：そうね、本当にいい香りがするわ。
ツアーガイド：ヒル・ファーム、ロワフィールド・ファーム、ティルトゥリッジ・ファームといった農場もこの通り沿いにあります。その農場には、イギリスでは数少ないブドウ園があるんですよ。ですから、希望があれば、イギリス産の自家製ワインをお買い求めいただけます。

ブロードウェイ・タワー

めぐみ：あら、あれは何かしら？
ツアーガイド：ブロードウェー・タワーです。
めぐみ：お城ですか。
ツアーガイド：いいえ、城ではありません。遠くから見るとそう見えますね。コッツウォルズで最も高い地点の1つになるんですよ。
めぐみ：中に入れますか。
ツアーガイド：はい。ブロードウェー・タワーが次の停泊地です。歩いて巡るのには、ちょうどよい場所なんですよ。

タワーの屋上で

めぐみ：なんていい景色なのかしら！
カナダ人旅行客：その通りね。ガイドさんが言ったみたいに、この場所から14の州が見わたせるわよ。ウェールズまでずっとね。
めぐみ：あなたはアメリカ人ですか。
カナダ人旅行客：いいえ、カナダ人よ。方言が似ているから、ね。さあ、グループの他の人たちと一緒に中を見ましょうよ。
ツアーガイド：皆さん乗ってください。次は、ヒドコート・マナー・ガーデンに行きますよ。

ヒドコート・マナー・ガーデン

めぐみ：これが本当のイングリッシュ・ガーデンだわ。
ツアーガイド：こちらの庭は、独学で庭師になったローレンス・ジョンソンという人がデザインしました。もともとアメリカからやってきた人です。庭の敷地は、基本的に「屋外部屋」に分かれています。その一部はほぼ野生のままの状態にしていますが、そのほかは、この上なく見事に手が加えられて

います。それでは、次のスタンウェー・ハウスに参りましょう。

スタンウェー・ハウスと噴水のツアー
ツアーガイド：スタンウェー・ハウスは、ジャコビアン時代の典型的なマナーハウスです。最初はチュークスベリ修道院が所有し、その後、ウィームズ伯爵が所有するようになりました。世界で最も美しいこの水の庭園は、チャールズ・ブリッジマン作と言われています。敷地の中には、300フィートの高さにまで、水が噴き出る噴水もあります。そのような噴水の中で、世界で最も高く水が吹き上がる噴水なので、セゴビアにある「名声の噴水」よりも高いんですよ。敷地内には、合計で8つの池もあります。

Day 24　村のレストランでランチ (p. 191)

パブ「クラウン・アンド・トランペット」に到着
めぐみ：[見渡して、驚きながら] あら、火？
イギリス人旅行客：つまり、暖炉ってこと？　こっちに来て、座ったら？
ウェイトレス：とりあえず、何かお飲み物をお持ちしましょうか。
めぐみ：飲み物はセットランチにはついていませんでしたよね？
ウェイトレス：はい、申し訳ありませんがついておりません。
めぐみ：何かお勧めのものはありますか。
ウェイトレス：ええと、「テン・ローズ・ア・リーピング」という特別なビールがありますよ。冬限定で、とても人気がありますが。
カナダ人旅行客：領主が飛び跳ねる？
ウェイトレス：はい。CAMRAが推奨するいわゆる本物のエールなんですよ。
台湾人旅行客：なんですか、それは？
ウェイトレス：CAMRAとは、"Campaign for Real Ale" の略で、「本物のエールを復活させるキャンペーン」のことを指します。エールとは、もともと、金属製のタンクではなく、木製の大樽で醸造されたものだけを言うんです。
めぐみ：じゃあ、それをお願いします。
ほかの人たち：私もそれを。[数分後]
ウェイトレス：ランチセットのご注文はよろしいですか。
カナダ人旅行客：どうぞお先に。
めぐみ：ありがとう。私は、セット1にします。[メニューを見ながら] ラムソーセージとマッシュポテトのトマト・ローズマリーソースで。
台湾人旅行客：それ、おいしそうだね。僕はセット2に。[メニューを読みながら] アヒルとアプリコットのソーセージとマッシュポテトのプラム・グレービーソースで。
カナダ人旅行客：私はセット3で。[メニューを指さして読みながら] マッシュポテトとチーズがのった牛ひき肉のウースター・パイのウースターソースがけを。それから、堅焼きロールパンとバターが添えられた、自家製スープもお願いします。
オーストラリア人旅行客：私はセット4にします。チェダーチーズの農民風ランチのピクルス、ミックスサ

ラダ、コテージ・ロール添えにします。
ウェイトレス：お飲み物をもう少しお持ちしましょうか。
　全員：お願いします。

キッチンガーデンにて
ツアーガイド：ここが、このコッツウォルズで作られたおいしいジャムとプリザーブを買う最後のチャンスですので、お見逃しなく。
　めぐみ：これよさそうだわ。これは何かしら？
ツアーガイド：ストロベリー・プリザーブですよ。
　めぐみ：へえ。自家製かしら？
ツアーガイド：その通りです。
　めぐみ：じゃあ、5瓶ください。

Day 25　ホテルのチェックアウト (p. 199)

ロビーで
　めぐみ：[友人たちに] こんな朝早くにロビーに来てくれてありがとう。
ジェニー：とんでもない。
　ハリー：チェックアウトするのに人手が必要かと思って。
　めぐみ：ちょっと、自分でできるわよ。少し待っててね。

フロントで
フロント係：おはようございます。ご用件を承ります。
　めぐみ：チェックアウトしたいのですが。部屋は311です。
フロント係：IDを拝見できますか。パスポートをお願いします。
　めぐみ：はい、これでお願いします。
[めぐみはパスポートを手渡し、係がそれを確認する]
フロント係：ミニバーをご利用になりましたか。
　めぐみ：水を1本と、ビールを1本です。これが料金票です。ああ、それから、部屋から市内電話を1度かけました。これに料金はかかりますか。
フロント係：はい。ただし、そんなにはかかりませんよ。
　めぐみ：合計でおいくらですか。
フロント係：少々お待ちください。では、税込で、527ポンド19です。
　めぐみ：それは電話代と飲み物代も込みですか。
フロント係：さようでございます。
　めぐみ：では、以前に登録したクレジットカードで支払いをお願いします。
フロント係：かしこまりました。JCBカードでよろしいですか。
　めぐみ：お願いします。
フロント係：かしこまりました。こちらで承ります。ここにサインをお願いいたします。

[めぐみは請求書を確認してサインし、フロント係に渡す]
　　めぐみ：以上ですか。
フロント係：はい。これで手続きは完了いたしました。当ホテルをご利用いただき、ありがとうございました。
　　めぐみ：あっ、忘れるところでした。ヒースロー空港には、何を使って行くのが一番いい方法でしょうか。行きは地下鉄を使ったのですが、別の方法で行きたいと思っています。お土産物を買ったので、荷物がちょっと重くって。
フロント係：タクシーはいかがですか？　外にタクシー待ちの列がございます。
　　めぐみ：それがいいかもしれませんね。私と友人2人、荷物がすべて乗れると思います？
フロント係：ええ、大丈夫ですよ。黒塗りのタクシーはとても広々としていますから。

Day 26　空港にて (p. 205)

チケットカウンターで
めぐみ：こんにちは。東京行きの午前10時35分の便に乗ります。JAL924便です。
　係員：パスポートを拝見できますか。
めぐみ：お願いします。もし可能なら、窓側の席をお願いできますか。
　係員：お座席がご用意できるか、確認いたします。…はい。2席だけご用意がございますが、お取りいたしますか。
めぐみ：お願いします。
　係員：プレミアム・エコノミーへアップグレードできますが、いかがでしょうか。
めぐみ：追加料金はおいくらですか。
　係員：132ポンド90でございます。
めぐみ：そうですか。では、結構です。
　係員：かしこまりました。パスポートありがとうございました。こちらが搭乗券でございます。飛行機はターミナル3の24番ゲートから出発いたします。
めぐみ：ありがとう。

手荷物検査へ
　ハリー：メグミにさよならするときがやってきたね。
　めぐみ：そうね。時間がたつのは早いわ。
ジェニー：本当にそうね。
　めぐみ：すぐにイギリスに戻ってきたいわ。
ジェニー：次に来るときには、かわいい男の子と一緒に来てね！［女子2人はくすくす笑う］
　めぐみ：東京にも2人共来てね。今度は私がホスト役をつとめるから。
　ハリー：うん。本当にそうなればいいよね。
　めぐみ：じゃあ、みんな、バイバイ！

免税品売り場
めぐみ：[店員に] ここにあるのは、少しお高いですね。

販売員：ただ、すべて免税価格になっております。
めぐみ：そうですか。じゃあ、成田空港では申告しなくていいってことですね。
販売員：その通りでございます。
めぐみ：それなら…父にこのジョニー・ウォーカーの黒ラベルを一本買っていこうかしら。
販売員：プレゼント用にお包みしましょうか。
めぐみ：別料金ですか。
販売員：無料で承ります。
めぐみ：そうですか。ではお願いします。

Day 27　飛行機で帰国 (p. 213)

乗る飛行機を見つけて

[めぐみが自分の座席付近に来て]
めぐみ：すみません。前を失礼します。窓側の席なので。
　乗客：どうぞ。
客室乗務員によるアナウンス：皆様、お座席にお着きいただきまして、機内にお持ち込みいただきましたすべてのお荷物は、頭上の収納スペース、または、お座席手前の床下にご収納くださいますようお願いいたします。国際法により、機内すべてにおけるおタバコは固く禁じられております。また、化粧室内で煙探知機を作動する行為も固く禁じられております。
客室乗務員によるアナウンス：間もなく機内のドアを閉めさせていただきます。皆様、お座席におつきの上、テーブルを元の位置にお戻しくださいませ。
　これ以降のすべての携帯電話、ノートパソコン、そのほかの電子機器のご使用は、運航の妨げとなりますので、お控えくださるようお願い申し上げます。

機長のアナウンス：ご搭乗の皆様、私が当機のキャプテンでございます。予定出発時刻は午後1時30分。本日の運航時間は、11時間35分を予定しております。現在、外気温は摂氏7度、ところどころに低い雲が見受けられます。到着は、現地時刻、明日午前9時5分を予定しております。成田到着時の天候予報ですが、風は弱く、摂氏13度とのことです。当機が3万フィートに到達いたしましたら、乗務員が軽いおつまみとお飲み物をお配りする予定でございます。
機長のアナウンス：シートベルト着用サインが点灯いたしました。お席にお戻りになり、シートベルトをお締めください。軽い乱気流がこの先に見受けられるとの報告を受けておりますので、機体が揺れる可能性がございます。
機長のアナウンス：当機のキャプテンでございます。快適なフライトをお楽しみいただいておりますでしょうか。予定しておりましたよりも向かい風がございますため、到着時刻が遅くなる見込みでございます。従いまして、成田空港への到着時刻は、午前10時15分を予定しております。
機長のアナウンス：ご搭乗の皆様、これより、成田空港への着陸体制に入ります。日本の現地時刻は午前10時27分、気温は摂氏12.5度でございます。軽い北東の風が吹いているとの報告を受けております。皆様どうぞ、お席にお戻りになり、シートベルトをお締めください。お座席を元の位置にお戻しいただき、テーブルも元の位置にお戻しください。

写真提供
Relaxation Timeと発音レッスンの写真：米山明日香
Muscle Trainingの写真：
p. 23 Francesco Carucci、p. 29 Ingvar Bjork、p. 35 edellap、p. 41 Robert Kneschke、p. 49 baibaz、
p. 55 Robert Anthony、p. 63 Chris Jenner、p. 66 Anton Balazh、p. 71 Mark William Richardson
p. 75 Mauro Bighin、p. 79 jennyt、p. 87 threeseven、p. 91 Joe Gough、p. 95 Avella、p. 103 André Klaassen、
p. 109 Stuart Monk、p. 112上 Paul Cowan、下 Joe Gough、p. 119 Xuanlu Wang、p. 127 Nikita Gusakov、
p. 135 Andrei Nekrassov、p. 141 AnastasiaNess、p.145 Will Howe、p. 149 Pressmaster、
p. 157 Tutti Frutti、p. 163 Monkey Business Images、p. 173 carlo dapino、p. 181 Gordon Bell
p. 183 David Hughes、p. 184 Andrew Roland、p. 189 Monkey Business Images、
p. 197 Elwood Chu、p. 203 NeonJellyfish、p. 211 Nickolay Vinokurov、
以上 2014 Used under license from Shutterstock.com

発音記号一覧

子音表

子音の種類	発音記号		例
破裂音	p	b	pin, bin
	t	d	Ted, dead
	k	g	cut, gut
鼻音		m	Kim
		n	kin
		ŋ	king
摩擦音	f	v	fan, van
	θ	ð	breath, breathe
	s	z	sip, zip
	ʃ	ʒ	rush, rouge
		h	hit
破擦音	tʃ	dʒ	church, judge
接近音		ɹ	ring
		j	yacht
		w	window
側面音		l	light

母音表

母音の種類	発音記号	例	
短母音	ɪ	kit, bid	注：緊張感のない「イ」
	e	dress	
	æ	trap	注：「エ」と「ア」の中間の音
	ɒ	lot	注：日本語の「オ」より奥まった感じで、口がやや開いた「オ」
	ʌ	umbrella	注：唇はリラックスした状態で作る、鋭い感じの「ア」
	ʊ	foot	注：緊張感のない「ウ」
	i	happy	注：鋭い感じがする「イ」
	ə	about	注：リラックスした状態で発した時のあいまいな「ア」
	u	influence	注：鋭い感じがする「ウ」
長母音	iː	fleece	
	uː	goose	
	ɑː	start	
	ɔː	law	
	ɜː	nurse	
二重母音	eɪ	face	
	aɪ	price	
	ɔɪ	choice	
	əʊ	goat	
	aʊ	mouth	
	ɪə	near	
	eə	square	
	ʊə	cure	

4週間集中ジム
発音も学べる
イギリス英語リスニング

2014年4月2日　初版第1刷発行

執　　筆	米山明日香
英文執筆	Catherine Dickson（Day 2 - 27のDialogue）
英文校正	Bill Benfield
装　　丁	岡崎裕樹
ＤＴＰ	株式会社創樹
録音・編集	スタジオグラッド
ＣＤプレス	株式会社ベストメディア
ナレーション	Mayuka Tais, Marcus Pittman, Rachel Ferguson, Emma Howard, Michael Rhys, Guy Perryman, Bianca Allen, Sarah Greaves, Andree Dufleit, 遠野まりこ
発　　行	株式会社アスク出版 〒162-8558 東京都新宿区下宮比町2-6 電話 03-3267-6866 URL http://www.ask-digital.co.jp
専用サイト	http://www.ask-books.com/LisGym/British （CDに収録した英文音声と、スピードを落としたスロー音声がダウンロードできます）
発行人	天谷修平
印刷・製本	日経印刷株式会社
ISBN	978-4-87217-851-7

© 2014 Asuka Yamagishi-Yoneyama
乱丁本・落丁本、CDの場合はお取り替えします。　　Printed in Japan
弊社カスタマーサービス（電話：03-3267-6500　受付時間：土日祝祭日を除く　平日10:00-12:00／13:00-17:00）までご相談ください。